自治体議員入門

有権者の期待と議会の現実
住民自治の要となるために

大森彌 著

第一法規

はじめに

一九四七（昭和二二）年五月三日、地方自治法が日本国憲法と同時に施行されました。それから七二年が過ぎた二〇一九年五月一日、元号が「平成」から「令和」に変わりました。この間を振り返ると、何といっても、一九九九（平成一一）年のいわゆる地方分権一括法の成立は、わが国の地方自治のあり方にとって大きな出来事でした。これによって、いわゆる機関委任事務制度が廃止されたからです。

機関委任事務は、明治二一（一八八八）年に公布された市制町村制において、市町村の長を国の指揮監督の下におき、戸籍など国の事務を執行させる方式として制度化されたものです。当時の「市制町村制理由」によれば、国の仕事を市町村にさせる方式には、①市町村に委任するか、②市町村長を指定して委任するかの二つがあり、①の場合は市町村長が市会・町村会に対して責任を負い常に監視を受けるのに対して、②の場合は市町村長が官命によって事務に従事し、市会・町村会とは「相関せず、官庁に責任を負う」という点で違いがあるとしていました。重要な違いは議会が関与するか否かであり、②が選択されたのです。

この機関委任事務制度は、実に一〇〇年以上の命脈を保ち続け、自治体に対する中央省庁による行政統制の根幹をなしていました。戦前の都道府県は国の総合出先機関と位置付けられ、官選知事の下で国の仕事を行っていました。戦後の地方自治制度の発足により、都道府県知事が直接公選となったにもかかわらず、むしろ公選制になったがゆえに、機関委任事務の制度が温存され、都道府県にも全面的に適用されたのです。

機関委任の方式によって、国は、自治体の住民や議会の意向とは関係なく、細かい通達に従って国の事務を行うよう自治体の首長に命ずることができ、首長は省庁に対して責任をとればよいということになっていました。これは、議会の関与と住民への責任を排除している点で、まがいもなく「官治」の仕組みであったといえます。

だからこそ、この官治システムの廃止によって、「相関せず」と脇に追いやられていた自治体議会は、住民の代表機関としての機能を発揮し、その存在価値を示すことができるようになったのです。

ちなみに、この分権改革の成果として、自治法二四五条の二では、「普通地方公共団体は、その事務の処理に関し、法律又はこれに基づく政令によらなければ、普通地方公共団体に対する国又は都道府県の関与を受け、又は要することとされることはない。」と関与の法定主義を規定しています。

しかし、自治体が機関委任事務制度の軛《くびき》から解放されても、首長が、国の機関として行動しやすいように保有してきた予算編成権、議案提出権、専決処分権などの権限は縮減されることはなかったのです。この首長優位の下で、自治体議会が自らの存在価値を示すには、どうすればよいか、これが第一次分権改革後の自治体議会の基本課題となったといえます。

全国を見渡せば、地方分権時代の到来で危機感を持ち、自己改革あるいは活性化に乗り出した議会も少なくありません。二元的代表制の意義を強調する議会基本条例を制定する自治体議会も増えました。けれども、自治体の現場では、公選・独任の首長が目立ち、しかも政策の企画・立案の主導権をもっているのです。これに対して合議体の議会とその議員のイメージは拡散し、首長のわき役のような存在と見られがちです。

現職の自治体議員の行動が、いろいろと取り沙汰され、世間の評価が概して芳しくないのです。「議会なんて要らない」とまでいう人もいます。議会なしの自治体などありえないのですが、その構成・機能・実績に関して、点検し、考え、改革すべき点も少なくありません。住民から、代表機関としての信頼を得るには、どうすればよいのか。それには、改めて、「自治体議員になるとはどういうことなのか」という根本の問題に立ち返って検討してみる必要があるのではないかと思います。

筆者は、地方分権推進委員会に専門委員（くらしづくり部会長）として参加しましたが、四次にわたる内閣総理大臣に対する勧告を提出したのを期に、「地方議会の活性化」方策を提言した第二次勧告（平成九年七月八日）を紹介する形で、自治体の議会と議員をめぐる問題状況を提示するため、一九九八（平成一〇）年六月に『分権改革と地方議会』（ぎょうせい）を公刊しました。

一九九九（平成一一）年七月には、地方自治法をはじめとする四七五本の関係法律（地方分権一括法）が成立しましたが、この分権改革が地方議会と議員にどのような新たな可能性を開いたのかを、地方議会強化の立場から、全面的に書き改め、二〇〇二（平成一四）年九月に『新版　分権改革と地方議会』（ぎょうせい）を世に出しました。そこでは、分権改革の意義・ねらいと改正された地方自治法の主要な点に言及し、その上で、自治体の議会と議員をめぐる現状と改善・改革課題について検討しました。

その後、第二八次地方制度調査会が地方議会のあり方をほぼ全面的に検討・審議することとなったのですが、これを、全国都道府県議会議長会は、従来から要請している議会の機能強化にかかわる制度改正の実現を図る好機の到来だととらえ、二〇〇四（平成一六）年四月に「都道府県議会制度研究会」を設置しました。

筆者は、この研究会の座長を引き受け、二〇〇五（平成一七）年三月に「いまこそ地方議会の改革を」（中間報告）の、二〇〇六（平成一八）年三月に「改革・地方議会―さらなる前進へ向けて―」（報告）の、そして二〇〇七（平成一九）年四月に「自治体議会議員の新たな位置付け」（最終報告）のとりまとめに参画しました。

この研究活動を通じて自治体議会・議員についてさらなる検討が必要だと考えるようになりました。そのことに関して、折に触れ、議員研修などで語ってきましたし、『議員ＮＡＶＩ』など、関係の雑誌で論じ、何冊かの拙著の中でも指摘してきました。ただし、『新版　分権改革と地方議会』が絶版になった後、全国的に活発化し始めた議員研修等の機会に、単行本の形で自治体議員論を示す必要性を痛感してきました。

このたび、自治体議員にとって肝心かなめともいうべき事項を、できるだけ網羅的にまとめてみました。これまで公表してきた拙稿と表現・主旨等で重なる部分がありますが、全体として再編成し、記述の簡明化を図りました。本書の内容を大くくりにいえば、第一章から第六章までが「議員編」で、第七章から第一一章までが「議会編」のつもりですが、厳密な区別ではありません。第一二章では、最近、関心が高まっている議員のなり手不足の問題を扱い、本書の締めとしました。なお、草稿をまとめたのが二〇一八年でしたので、その後の新型コロナ禍と自治体議会について若干の考察を付け加えました。

本書によって、「自治体議会こそが住民自治の根幹をなす自治体の議事機関である」というメッセージを広く世間に伝えたいと考えました。

本書が、誰よりも全国の自治体議員の皆さんと自治体議会に関心をもつ住民の皆さんにとって少しでもお役に立てばと願っています。

本書の発刊に当たっては、出版編集局編集第二部の皆さん、とりわけ西連寺ゆきさんのお世話になりました。心から感謝申し上げます。

二〇二一（令和三）年一〇月

著　者

目次

カバーデザイン／篠　隆二

第1章　自治体議員になるとは、どういうことか

1-1 全国に自治体議員は何人いるか

日本国憲法九三条一項には「地方公共団体には、法律の定めるところにより、その議事機関として議会を設置する。」とあり、地方公共団体（以下、自治体）に議会を設置することは憲法の要請なのです。現在、わが国には、四七の都道府県、二〇の政令指定都市、二三の特別区、七七二の市、七四三の町、一八三の村に、計一、七八八の議会が設置され稼働しています。憲法要請は実現されています。

議会（自治体）の総数と議員定数は**表1―1**の通りです。そして、都道府県では二、六四三人の、市区町村では二九、六〇八人の現職議員が活動しています（二〇二〇（令和二）年一二月三一日現在）。

議員になるには、四年ごとに行われる議会議員選挙（一般選挙）に当選しなければなりません。議員の定数は、それぞれの自治体の条例によって定められています。候補者の数が、定数と同じなら無投票当選になり、定数以上なら選挙戦と投票を経て当落が決まります。

自治体議会は、基本的には四年ごとに再構成されるのですが、実際には全員が入れ替わることはありませんから、新たに発足した議会には、新旧でいえば、現職、元職、新人、といった議員が参集することになります。現職で再選した議員同士は、「やあ、やあ。引き続きよろしく」ということになります。勝手知っている議会へ戻ってきたという感じでしょうか。

これに対して、新人議員は、見知らぬ集団の一員になるのですから、気負いと不安が入り混じった気分になるのはもっともです。どこの世界でも同じですが、議員が参集する議会という世界にも、その振る舞い方についてのルール・慣習があります。新人議員は、それらを習得して一人前の議会人になっていくのです。

◆新人は約二割

自治体議会の選挙で、どのくらいの新人が当選するのか。当然ながら、各選挙によって、また各選挙区によって異なるのですが、再選議員のほうが多いのです。しかも、何期も当選を重ねている人が少なくないのです。

表１－１　自治体議会数と議員定数

<table>
<tr><th>自治体</th><th>議会数</th><th>議員定数</th></tr>
<tr><td>都道府県</td><td>47</td><td>2,679</td></tr>
<tr><td>指定都市</td><td>20</td><td>1,172</td></tr>
<tr><td>特別区</td><td>23</td><td>902</td></tr>
<tr><td>市</td><td>772</td><td>16,982</td></tr>
<tr><td>町</td><td>743</td><td rowspan="2">10,976</td></tr>
<tr><td>村</td><td>183</td></tr>
<tr><td>合計</td><td>1,788</td><td>32,711</td></tr>
</table>

議会（自治体）数は2020（令和２）年12月１日現在
議員数（定数）は2020（令和２）年12月31日現在、総務省・市議会議長会調べ

二〇一五（平成二七）年四月の第一八回統一地方選挙における前半戦の四一道府県議選の当選者数は二、二八四人で、現職は一、七三八人（約七六%）、元職は七〇人（三%）、新人は四七六人（二一%）でした（出典：〝四一道府県議選　当選者数〟、『朝日新聞』二〇一五年四月一三日）。

後半戦の議員選では当選者に占める新人の割合は市議選では二二・一%、区議選で一八・六%、町村議選では二五・三%で、いずれも前回から減少していました。当選者全員が現職の議会も一一ありました（『毎日新聞』、二〇一五年四月二八日、東京朝刊）。

二〇一九（平成三一）年四月の第一九回統一地方選挙における前半戦の四一道府県議選の当選者数は二、二六七人で、現職は一、七六四人（約七八％）、元職は五二人（約二％）、新人は四五一人（約二〇％）でした（出典：〝四一道府県議選　当選者数〟、『朝日新聞』二〇一九年四月八日）。

各議会によって事情が異なるのですが、議員の約二割が新人として当選しています。これにより、議員の平均年齢が下がれば、世代交代が進みますし、女性や「変わり種」が増えれば多様性が増すことになります。この新陳代謝は、「議会を変えよう」という民意の反映かもしれません。少なくとも、新人議員には議会に新風を吹かせてほしいという期待が託されているといえるかもしれません。

1-2　選挙で選ばれるのはなぜか

選挙の重み

自治体の議員になるには立候補し、当選しなければなりません。立候補するのですから、議員になろう、議員になりたいという意思・意欲があるはずです。世の中には他にさまざまな職業なり活動がある中で、どうして議員になろうとするのか。当選すれば、報酬をもらって議員を四年間は続けられますが、任期が終了すれば、それで失職します。退職手当はありません。他に収入の途がなく再選されなければ路頭に迷うことになりかねません。それなのに、どうして議員になりたいのか、普通の人はいぶかしく思うのではないでしょうか。よほどの高邁《まい》な志があるか、何か特別の事情か野心や魂胆があるのではないかと。

◆権力の座を求めて

議員になることは何かの目的を実現するための手段であるはずです。議員になって成し遂げたい目的とは何か。建前としては、それは「世のため、人のため、地域のため」でしょう。本心は「自分のため」であっても、決してそうとはいわないのです。

議員になれば、どうして「世のため、人のため、地域のため」になることができるのか。それは、議員になれば「権力の座」に就くことができるからです。この「権力」は、住民の安心や幸せとか地域の将来に影響を及ぼすような決定を行う権限のことです。普通は、そんなに責任のある（はずの）仕事を率先して引き受けたくないものですが、世の中には、それをあえて引き受けようとする人がいるのです。奇特で貴重な人ともいえます。

◆政治に手を染める

議員になるために選挙に打って出るのは、一種の賭け事・勝負事に身を投ずることです。世間では、昔から「堅気は、株と政治には手を出さない」といいます。議員は、政治に手を染めるわけですから、堅気とはいいにくくなります。実際、選挙に立候補した時から「タダの人」ではなくなり、周囲の見る目も違ってくるのです。

たとえ小規模な自治体でも、権力の座を求めて、虚実入り混じる政治の世界に乗り出していく人は、概して、五欲旺盛、気力・体力は充実し（元気で）、細心かつ厚顔無恥で、自己顕示が強く、並みの人ではないといってよいかと思います。こういうタイプの人が、選挙を戦い当選して、議会という意思決定の場で渡り合うのです。ですから、いかに激しい論戦になっても、誹謗・中傷・暴言・脅し・暴力はご法度になっているのです。しかるべき言葉で戦うという平和的ルールを遵守しなければならないわけです

◆必要な家族の理解と選挙資金

立候補にとって最大の難関は、しばしば家族の拒絶反応であるといいます。例えば夫婦のいずれであっても、選挙運動自体とその後のわずらわしさを嫌う連れ合いの同意をとりつけ、「恥ずかしくて学校にいけない」と嫌がる子どもたちを説得しなければならないのです。

選挙には、事実としてお金がかかります。選挙にかかる費用は、選挙の種類や地域・選挙区の規模などによって大きく異なります。まず、立候補するには供託金が必要です。当選を争う意志がないとか売名などを目的としているといった無責任な立候補を防ぐために、選挙の種類別に一定額を一時的に法務局に預けるお金です。都道府県議会は六〇万円、指定都市議会は五〇万円、その他の市区の議会は三〇万円と決められています。従来、町村議会は供託金なしとなっていましたが、二〇二〇（令和二）年六月の公職選挙法改正によって、一五万円となりました。供託金は一定の得票数を満たすことができれば返却され、規定の得票数に達しなかった場合や、途中で立候補をとりやめた場合などは没収されます。

現在、選挙運動用の自動車の使用及び選挙運動用のビラとポスターの作成は条例による選挙公営の対象になっています。いままで町村議員選挙はこの公営の対象外だったのですが、前記の法改正によって、公営の対象になりました。

ただし、選挙運動を行うにはそれなりに自前の資金が必要です。人件費、家屋費、通信費、印刷費、広告費、食糧費、雑費などです。資金や後援組織に比較的恵まれていなければ、なかなか選挙に出られません。サラリーマンが立候補しようとすれば、退職金、後援会の特別カンパ、月々ローン返済の借金でしのぐほかないのです。それほどまでして立候補するのは、よほどの決心ですし、傍からは無謀に見えるのです。

選挙は集票の争いであり、きれい事ではすみません。選挙になると、候補者としては、血縁、地縁、同窓会は言うに及ばず、あらゆる手づる・手がかりを使って「票集め」「票固め」に懸命になるものです。選挙運動で街頭に出れば、冷ややかな目線や一顧だにしてくれない無関心さに耐えながら必死に支持を訴えます。「お騒がせして申し訳ございません。〇〇議会議員候補の〇〇です。皆様のお役に立てさせてください。力をおかしください。なにとぞよろしくお願いします。」を繰り返します。一人でも多くの有権者に自分の名前を投票用紙に書いてもらうことがいかに大変か想像に余りあるといえます。

議員は選良か

選挙で当選するのは並大抵のことではなく、それをクリアしたのは何よりすぐれていることの証しであるといえないこともありません。それを「選良」と呼ぶことがあります。

選良とは、辞書で引くと、例えば、「すぐれた人物を選び出すこと。またその選ばれた人。特に、代議士をいう」とあります。選挙で選ばれたこととその人物がすぐれていることとは必ずしも一致はしません。議員になった後の仕事ぶりで検証する必要があります。

選良の英訳はelite（エリート、精鋭）ですが、エリートは、元来は「優良品」を指す言葉だったのですが、社会集団に転用され、一般に「選ばれた、少数の人びととそのあり方」を意味するようになりました。エリートの対語はノンエリート、どこにでもいる「タダの人」「普通の人」です。しかし、日常用語では、今日では議員をエリートとは言いませんし、まして選良とは呼びません。今日では選良は死語に近いのではないかと思われます。

◆「選良」の使用例

ところが、自治体議員に選良が使われる場合があるのです。例えば、日本初の北海道栗山町議会基本条例（二〇〇六（平成一八）年五月制定）では、議員の活動原則を定めた三条二項で「議員は、町政の課題全般について、課題別及び地域別等の町民の意見を的確に把握するとともに、自己の能力を高める不断の研さんによって、町民の選良にふさわしい活動をするものとする。」と規定されていました（傍線は筆者、以下同じ）。

この規定の解説には、「議員が、町政における課題全般について多様な住民の意見を把握するとともに、議員としての資質向上等に努め、選挙で選ばれた議員としてふさわしい活動をすることを規定」とあります。この解説では「町民の選良」とは「選挙で選ばれた議員」と同義ですから、条例本文に、わざわざ「選良」という言葉を用いなくてもよかったかもしれません。この最初の栗山町の条例を参考にしたと思われるのですが、その後の市町村の議会基本条例には「選良」が散見されます。なお、栗山町議会は、二〇〇八（平成二〇）年一二月の改正で、三条二項中の「町民の選良にふさわしい」を「町民の信託に応える」に改めています。

二〇〇六（平成一八）年一二月に都道府県としては初めての三重県議会基本条例には「選良」は出てこないのですが、政治倫理を規定した二四条一項には「議員は、県民の負託にこたえるため、高い倫理的義務が課せられていることを自覚し、県民の代表として良心と責任感を持って、議員の品位を保持し、識見を養うよう努めなければならない。」とあり、県議を選良とみなしているともとれる表現ぶりになっていますが、「県民の代表として」とありますから、議員については、一般職の職員とは違って、選挙で選ばれたということが重視されています。

一九六三（昭和三八）年、池田勇人首相が衆議院を解散したとき自民党の副総裁だった大野伴睦氏は、「前代議士諸君、サルは木から落ちてもサルだが、代議士は落ちればタダの人」と演説し、落選の苛烈さに関する名言を残しています。自治体議員の場合も同じです。選挙に打って出て、当選しないことには話にならないというわけです。

1 3 住民の代表になるとはどういうことか

◆「民主条件付き」の代表

議員になったということは住民の代表の一人になったということです。選挙の結果を「民意の審判が下った」といいますが、民意は、有権者に支持を訴えて当選した人物あるいは人物の色分けと分布によって可視化されるのです。この意味で、代表というのは「民意」を生身の人ないし人の数で表すという「擬制」（カラクリ）を前提として成り立っているといえます。それは、正当な手続きで当選した人を住民の代表と見なそうという約束事なのです。

代表と見なそうというのですから、実際に、代表としてふさわしい振る舞いを期待されるのです。権力の座に就いた者が、それを恣意的に運用し私服を肥やすことがあってはならないし、選挙中に平身低頭していた人が当選して議員バッジを着けると、偉そうなそぶりをするのもいただけないのです。

選ばれて議員になったことは、普通の人とは違うのですが、それで偉くなったわけではないし、特権を与えられたわけでもないのです。堅気の人びとの自戒は「実るほど頭を下げる稲穂かな」であるといいますが、議員になったからといって、その態度がだんだん尊大にならないように自制・自戒が求められているのです。

◆白紙委任ではない

何が住民のため、地域のためになるかの具体的な決定は議会を構成する議員の裁量に委ねられています。しかし、それは白紙委任を得たことではないのです。その地位も権限も選挙によって住民から付託されたものです。したがって、機会をとらえて、きめ細かく多様な有権者の声に耳を傾け、意見を交わし、責任のある決定を下さなければならないのです。議員としてひどい落ち度があれば、任期途中でもやめてもらうこともあります。議員は、有権者の監視・批判・注文を前提にした、いわば「民主条件つき」の代表ということができます。

選挙で選ばれたことの意味を忘れて、私益に走り、深慮を欠くと、「世のため、人のため、地域のため」にはならず、世の中を騒がせ、人びとに禍をもたらしてしまいます。これでは「人材」ではなく「人災」です。

◆選挙区制度と代表意識

同じ住民の代表といっても、選挙区制をとっている都道府県及び政令指定都市の議会議員と、自治体の区域を一つの選挙区としている市町村の議会議員とを同列には扱いにくい面があります。

代表を選び出す一定の地区が選挙区ですが、この選挙区ごとに選ばれる人数の合計が議員定数です。選挙区制には、一選挙区から一人の議員だけを選ぶ小選挙区制と一選挙区から二人以上の議員を選ぶ大選挙区制があります。

都道府県議員の選挙は、大選挙区制と小選挙区制の併用であり、政令指定都市の議員選挙は、行政区を選挙区とする大選挙区制となっています。一般の市町村の議員選挙は、当該市町村の区域を一つの選挙区とする大選挙区制です。

小選挙区制では、最も得票数が多かった候補者だけが当選しますから、代表のあり方は多数代表になります。大選挙区制では、候補者の得票順に複数の代表者が当選でき、定数の範囲内なら得票の少ない候補者も選ばれますから、代表のあり方は少数代表になります。同じ大選挙区制でも、複数の選挙区が存在する場合と選挙区が一つの場合とでは代表の性質が違ってくるのです。

都道府県議員の選挙区については、公職選挙法により「郡市の区域による」とされていました。国は、第八回統一地方選挙に間に合うよう、二〇一三（平成二五）年一二月、公職選挙法の一部を改正しました（二〇一五（平成二七）年三月一日施行）。都道府県議員の選挙区は、一の市の区域、一の市の区域と隣接する町村の区域を合わせた区域、隣接する町村の区域を合わせた区域のいずれかによることを基本として条例で定めることとなっています。これらの各選挙区は、その人口が議員一人当たりの人口（都道府県の人口を都道府県の議会の議員の定数で除して得た数）の半数以上になるようにしなければなりません。いずれにしても、各選挙区の地域代表という性格を強く有している点に特徴があるといえます。

◆選挙区が重なる県議と市議

政令指定都市を包括している道府県の議員の場合は、政令指定都市の選挙区との関係が問題になります。政令指定都市には行政区が置かれ、公職選挙法上、市議会議員の選出は行政区ごとに行われ、都道府県議員の選出についても、原則として行政区ごとに行われるからです。

政令指定都市の議員は選挙である行政区の地域代表という性格を持ちますが、政令指定都市が都道府県並みの事務権限をもっているため、行政区を単位に選ばれる道府県議員の役割は曖昧になりやすいといえます。行政区選出の議員は道府県議会でどのような機能を果たせばよいのかという疑問が出てくるのです。

県議と市議の定数は異なっていますが、同じ選挙区を代表する形で同じ選挙期間中に有権者に支持を訴えることもあるのです。選挙公約に関し、県議としては、同じ選挙区の市議候補者との「差異」をいかにして打ち出せるのか。「二重行政」ならぬ「二重代表」ともいうべき問題があるといえます。

◈政策より人物

市町村議員については、原則その市町村の区域をもって選挙区としていますが、特に必要があるとき（例えば合併直後）は条例で選挙区を設置できるとされています。市町村議員の場合は、典型的な大選挙区制となっていますから、当該区域全体から票を集められますが、地元票を固めれば、得票が少なくとも当選する可能性がありますから、全体の代表者という性質は後退しやすく、地元密着型で、どちらかといえば政策より人物が強調されやすいといえましょう。

法人としての自治体の機関になる

◆自治体は法人である

地方自治法（以下、自治法）二条一項は、「地方公共団体は、法人とする。」と規定しています。その沿革をたどれば、一八八八（明治二一）年の市制町村制にさかのぼります。そこでは、市町村の性格について、「法律上一個人ト均シク権利ヲ有シ義務ヲ負担シ」とし、「市（町村）ハ法人トス」と定めていました。この法人格の規定が自治法にも引き継がれたのです。

その意味は、自治体が、契約の当事者になれる、すなわち権利義務の主体であること、法人の仕事は機関を設置し、その機関にさせること、他の法人と違って、一定の地域の自治に責任をもつ「政府」である、ということです。

法人としての自治体は、その名と責任において事務を処理しますが、法人自体は観念的存在であるため、実際には、法人の機関を設けて、自然人（生身の人間）をその機関の職に充てて事務を処理させているのです。

◆機関には人格はないが

自治体の機関には、自治法等により、一定の権限と責任が割り当てられています。その割り当てられた範囲内で機関が行った行為の効果は、機関自体ではなく当該自治体に帰属するのです。このように、機関の行為の効果が当の機関に帰属しないことを「機関には人格がない」といいます。

実際に行為をするのは具体的な人格（具体的な生身の人間）なのですが、それは、あくまでも機関として振る舞うのであって、その意味で機関になるということは非人格化することなのです。生身の人間を機関としながら、その機関には人格が問われないということは簡単には理解しにくいでしょう。人格（パーソナリティ）は、一般には、遺伝子の生得という要因と後天の環境要因とそれらの相互作用によって発展的に適応的に形成されるものと考えられています。男女の区別、体質・気質、顔つき・体つきはもとより、感性・知力・意思、言葉遣い・表情・仕草など、十人十色であり、一人として同じ人格はありません。

ある人が法人としての自治体の機関になっても、生身の人間であることをやめるわけではありません。しかし、機関になるということは、ある職務の遂行者になるということなのです。職務を媒介にして人格は機関に転換するといえます。全人的な生身の人間が、一定の職務を担う部分的な職能人になるのです。議員になるということは職能人（議会人）になることなのです。

二五歳以上で三か月以上住民であれば、誰でも選挙に打って出て議員になれます。出身、学歴、経歴はもとより男女の区別といった生身の人間としての違いは関係がありません。議会の任務を適切に遂行しうるならば、誰でもよいわけです。

◆職能人に徹する

議員になったということは、自治体という法人の議事機関のメンバーになったということですから、いわば職能人に徹することが求められるのです。このことは、執行機関としての首長についてもいえることです。実際の仕事ぶりとその成果は自治体に帰属するのであって、個人としての、あるいは集団としての議員の手柄になるのではないのです。逆に、議員が不始末をすれば、それは自治体の価値や評判を棄損することになるのです。住民からも世間からも、素晴らしい議会だと評価をうければ、その評価は、その自治体の評価になるのです。

1-4 どうして会派に分かれるのか

議員選挙で当選が確定すると、当選証書付与式が行われ、選挙管理委員長から「当選告知書」と「当選証書」が付与され、首長から祝辞もあります。

◆議員バッジと「先生」

この付与式から四年間は、議員であり続けます。この付与式のときに、議会事務局から、いわゆる「議員バッジ」（議員記章）が貸与されます。議員バッジは、都道府県、市、町村ごとに全国共通のデザインになっています。

もともと、自治体議員が議員バッジを着けるようになったのは、国会議員に倣《なら》ったものです。国会議員の場合は、現在は、議員バッジを着用していないと議場に入れませんが、自治体議員の場合は着用義務のあるところと無いところがあります。自治体議会では、概して、本会議の場や公式の行事では着けていますが、それ以外は各人の判断になっています。紛失したら弁償しなければなりません。

議員バッジは、いうまでもなく権勢や特権の誇示のための表示ではなく、謙虚に地域住民の声に耳を傾けるためのセンサーであると考えるべきです。執行部の幹部職員が、意地悪な質問などの禍のおそれを避け、執行部案への賛同を得るための歓心を買おうと、議員を「○○先生」と呼ぶことがあります。議員バッジをつけている相手を「先生」と呼んでおけば角が立たないと思っているのでしょう。しかし、「先生」と呼ばれると、議員は、ついつい、自分は偉いという錯覚に陥りやすく、慇懃無礼な態度をとりやすいものです。「先生」と呼ぶことはやめるべきです。議員同士が、お互いを「先生」と呼び合っているのも奇妙な光景であり、「○○さん」といえば、よいはずです。

コラム　当選証書

当選告知書には「○年○月○日執行の○○議会議員選挙において、あなたを当選人と決定しましたので、公職選挙法第一〇一条の三第二項の規定により告知します。おって、この告知を受領したときは、別添の受領書に記名押印のうえ、提出して下さい。」とあります。

当選証書には、当選者名があり、「右は○○議会議員に当選したことを証するためここに当選証書を付与する。平成○年○月○日　○○選挙管理委員会　委員長○○　公印」と書かれています。各議員は、当選通知書一通と当選証書一通を受領したという「受領書」に記名押印します。

会派に分かれる理由

当選証書の付与式が終わると、ほとんどの議会では、議員は会派届を提出することになっています。それには二つの重要な理由があるといわれています。一つは会派制を前提として議会運営がなされるからですし、もう一つは、会派が政務活動費の交付対象になっているからです。

◆会派と政党の違い

会派は、地域政治に関し同じ主義・主張をもつ一定数以上の議員によって構成される議会内のグループのことで、政党とは区別されています、政党は一定の政治活動を行う社会的存在であり、それゆえにその構成員が議員に限られていないのに対して、会派は、その機能が議会内に、その構成員が議員に限られています。

会派を結成せず、単独（「無会派」）でいてもよいのですが、会派を組むのならば、会派の名称、所属議員名、代表者などを記入した会派結成届を提出しなければなりません。各自治体議会で定めている会派規程に従って会派届けを出します。会派結成に必要な人数は各議会で決めています。多くの場合は会派結成の人数は二人以上ですが、議会によっては、「一人会派」を認めているところがあり、会派名を届けますが、人数は一人です。

◆一人会派

自治法一〇〇条一四項では政務活動費の交付の対象を「その議会における会派又は議員」としてい

ることから、個である議員に対する概念として「会派」は二名以上と考えることが自然であると思いますが、実際には、「会派」を「一人会派を含む」とする議会、「二人以上の会派」とする議会、あるいは「三人以上の会派」とする議会などさまざまです。

会派は、原則として複数の人的構成が要件であり、一人だけで会派を名乗っても厳密には会派とはいえないのですが、運用上は一人会派を認めている議会もあるのです。会派形成の人数については法律では明文化されていないため、各自治体議会の判断によって運用が異なっているのが現状です。

◆会派形成の実態

都道府県議会は、すべて会派制をとっています。市議会では、政令指定都市はもちろん、人口二〇万～三〇人未満の市議会（一一二）のすべてが会派制をとり、一〇万～二〇万人未満の市議会一五五のうち一五四が、五万～一〇万人未満の市議会二六四のうち二四八が、そして五万人未満の市議会二六二のうち二〇一が会派制を採用しています。会派不採用の市議会は全体（八一三）の九・六％（七八）に過ぎません（全国市議会議長会『平成二八年度市議会の活動に関する実態調査結果』二〇一五（平成二七）年一二月三一日現在）。ほぼ全面的な会派制の採用状況となっています。

町村では、九二八議会のうち、会派制を採用している議会は一五二（一六・四％）、不採用議会は七七六（八三・六％）となっています（全国町村議会議長会『第六二回町村議会実態調査結果の概要』二〇一六（平成二八）年七月一日現在）。会派制を採用している町村のほとんどが政務活動費を支給しているところであり、町村議会では会派制は一般的とはいえない状況です。

◆議会の規模と会派

会派を基礎にして議会を運営するかどうかは、各議会の判断ですから、それぞれの事情に応じて決めればよいのですが、実際に、都道府県議会や政令指定都市議会のような大規模議会では、議員の政党帰属を背景に、議会運用上、会派形成が避けられないように思えます。

しかし、その会派が、中央政党の地方支部のメンバーで構成され、この政党・会派が、首長選挙に際し、推薦候補を立て選挙過程に深くかかわるため、推薦候補が首長に当選すると、自分たちは「与党」だと思い、そう自称し、そう振る舞いがちになっています。「与党」会派は、首長側が「野党」会派に優先して相談・配慮することが当然だと考えやすいのです。会派形成に中央政党間の連携・対立関係が持ち込まれ、政党化しているのが現実だといえます。

これに対して、議員定数が一〇人以下のような小規模議会では、意思決定の原則が多数決であったとしても、少人数の議員全員で相談すればすみますから、会派制を採用して議会運営上の効率を図る必要は特にないといってよいでしょう。ちなみに、議員定数が八人の村議会数は七、定数七人の村議会数は七、定数が六人の村議会数は五、定数五人の村議会数は一となっています（『地方自治月報第五八号、平成二九年三月』議員定数は二〇一六（平成二八）年四月一日現在）。

小規模町村の議会では会派を作って団結して政策主張しなければという論理が成り立ちにくいのではないかと思います。むしろ、こうした町村では議員のなり手不足が深刻化しており、その打開策を打ち出すほうが重要な課題になっています。ただし、後に触れますように、小規模議会でも、のっぴきならない会派対立が起きますと議会運営が滞ってしまいます。

◆多数決と会派

合議体である議会は、原則として、その意思を多数決で決めます。かりに全会一致を意思決定の原則にすると、一人でも反対すれば意思決定ができなくなり、機能不全に陥ってしまうからです。全会一致にしようとする努力は必要でしょうが、多数決を現実的なルールとせざるをえないのです。

多数決は、多数派の意思を全体の意思に置き換える、一種のカラクリです。いかに多数であっても、それは議会全体の部分意思にすぎないのです。それが、多数決によって議会全体の意思とみなされるのです。

多数決で議会意思を決めることになれば、多数派を構成する議員集団が意思決定を大きく左右します。それが会派結成の動機の一つです。選挙では、一人ひとり選ばれるのですが、当選後の活動にとって誰と会派を組めば有利になるかを考えるわけです。

自治体議員の選挙では、特定政党の推薦ないし支持を明示せずに「無所属」を名乗って当選した議員もいます。町村議員の八七・八％、市区議員の六一・〇％、都道府県議員の一八・九％が「無所属」です（総務省「地方公共団体の議会の議員及び長の所属党派別人員調」二〇一六（平成二八）年一二月三一日現在）。

特に都道府県議会や大都市議会の議員選挙では、概して、中央政党の影響が浸透していて党派を明らかにして選挙を戦っています。日本共産党や公明党の候補者は、当選後、必ず政党所属を明示し、まとまって会派をつくっています。この場合は、外形上は会派と党派が融合しています。さまざまな背景をもつ議員が議会運営で自分の立ち位置を明らかにしようと会派を組むのです。

議会人事を決める初議会と会派

わが国の自治体議会では、自治法一〇一条一項によって「普通地方公共団体の長がこれを招集する。」とされ、議長ではなく首長が議会の招集権をもっています。この点に関しては、「議会の招集権は議長に与えるべきだ」という改革論がありますが、ともかく、議会が招集されると初議会が開かれます。初議会では議長、副議長の選出、本会議場での座席、各委員会の委員及び委員長等の選任、会議日程などを決めます。

議長が決まるまでは、自治法一〇七条によって最年長議員が臨時の議長を務めることになっています。議長は、議員の投票によって決めます。議長は議場の秩序を保持し、議事を整理するだけではなく、議会の事務を統理し、議会を代表する存在であり（自治法一〇四条）、議員であれば、この重要な役割に一度は就いてみたいと思っても不思議ではありません。

実は、この議長選挙では会派構成が大きな影響力をもっているのです。最大会派が議長を、第二会派が副議長を出すことが慣習化している議会が多いのです。議長をとるために会派間の合従連衡が起こる場合もあります。

◆会派の効力

会派が大きな意味をもつのは、各会派の所属議員数によって、常任委員会の議席数や、発言・質問の時間配分、法案提出権などが左右されるからでもあります。会派に所属しないと、本会議での代表質問（一般質問）もできませんし、特別委員会の一つである議会運営委員会（以下、議運）に所属できません。会派に所属していない議員の議会活動・発言・影響は相当制限されてしまうことになります。

どこの議会にも議運が置かれています。議運は、自治法一〇九条に基づき、議会の運営に関する事項や議会の会議規則、委員会条例、議長の諮問事項などを審査、調査するために設置され、各会派から選出された委員により構成されます。会議の日程や案件を決めるなど、円滑な議会の運営のため、議会運営全般について、協議、意見調整を行っているのです。また、住民等から提出された請願と陳情の審査も行います。会派を組めば議運へ委員を一人は送れるわけです。

会派制をとっている議会でも会派に所属せず、「無会派」でいてもいいのですが、会派に所属しなければ、当然ながら、会派代表者会議に出席できません。自治法一〇〇条一二項で、議案の審査又は議会の運営に関し協議又は調整を行うための場を設けることができることになっており、その一つに会派代表者会議があり、会派間の意見調整その他議会運営上必要と認める事項に関する協議・調整を行っています。

合議体である議会を運営していくためには、いろいろな相談が必要です。議員数が多い場合は、それを議員全員で行うのは極めて効率が悪いのです。そこで会派を作り、その代表者の打ち合わせによって円滑な運営を図ろうというわけです。

したがって、無所属議員も、いずれかの会派を選ぶか、別に会派を組んで議会活動の幅を広げようとします。新人議員にとっては、先輩議員の会派に入っていろいろと学び腕を磨くことができます。先進事例の視察なども会派で出かけますし、政策研究なども仲間の議員で議論もできます。こうして、誰とどういう会派を組み、会派として議会運営へどういう影響力を揮おうとするかが議員としての政治手腕の一つだと受け取られています。各議員が会派形成によって、どの役職が自分に割り当てられるかを念頭に置くことも知られています。

会派制への批判

会派が形成されるのは、集団で行動した方がより多く自分たちの意向を実現できると考えているからです。この集団は、議会における表決等において原則として同一歩調をとるほか、議会運営上で統一的な行動をとります。その一方で、以下のように、会派に関して批判的な見方もあります。

◆会派の縛り

まず会派の縛りに伴う問題があげられます。議案に対する賛否の態度をはじめとし、各議員の議会内における行動は、それぞれ所属会派の意向により拘束を受けますから、自分の意見よりも会派の意見に左右されてしまいがちになります。そのため、会派所属によって、議員一人ひとりが自由な言論を戦わせる場が著しく狭まってしまっているのではないか、会派所属に安住して、会派の一員として以外に議会活動ができない、あるいはしようとしない主体性に欠ける議員を生み出しているのではないか、政策をめぐる会派間の意見対立は「数」による対決になりやすく、自由な討論による合意形成の可能性を小さくしているのではないか、といった疑問が出てきます。こうした疑問ゆえに、「一人会派」を選択する議員もいるといいます。

◆ポストを巡る内部抗争

会派が役職ポストをめぐる内部抗争の土壌になっているという批判もあります。会派の存在が、政策論争より役職ポストをめぐって、会派間、あるいは多数会派内における議員同士の争いを激しくさせている点が問題視されているのです。その典型が議長の椅子をめぐる争いです。そこで、ゴタゴタを避けるために、議長ポストが、四年任期が全うされず、二年あるいは一年ごとにたらい回しにされることにもなり、議長に「権威」が生まれにくい原因になっていると見られています。

◆首長との関係

さらに、会派と首長との関係も問題視されることがあります。会派が首長を支持する多数派をいかに形成するかを第一の基準として形成されることがあるからです。首長側の意向も受けた会派の形成と存在が、しばしば首長との関係で与野党意識を生み出しているのではないかと見られているのです。

後で詳しく検討しますが、自治体の場合は、国の場合の国会と内閣の関係におけるような与党対野党という対立構造は存在しません。国会で内閣総理大臣を指名しうるだけの多数の議席数を有する政党を与党といい、総理指名には与れない少数政党を野党と呼んでいます。自治体の首長は議会議員とは別個に直接公選されるのですから、議会の内に与党ないし野党があるわけではないのです。

それにもかかわらず、実質的には、首長派、反首長派という意味で与党会派と野党会派が分立し、相対することが少なくないのです。それは、首長選挙の時に、議員グループが特定の首長候補の支持・応援に動くからです。その支持・応援のあり方が、選挙後、議事機関と執行機関の関係に持ち込まれ、与野党関係があるかのような振る舞いが出てきてしまうのです。そのため、自治体議会においても政党活動ともからみ議院内閣制のような様相を呈することにもなります。

◆会派にまつわる問題を意識して

以上のように会派制に問題がないわけではないのですが、実際に、これをなくすことは難しいでしょう。議員が、その主義主張を実現するために集団化することには、それなりに理由があり、会派が存在し、議会活動の一環として会派間協議が行われることは、ときに党派が競合する政治の世界では避けがたいともいえるのです。

なお、会派制を採用している議会でも、「一人会派」を認めている場合は、前述の会派の縛りの問題は回避できますが、「一人会派」の数が多くなれば、なぜ会派制をとるのかの理由があいまいになりえます。

会派が同一政党所属の議員からなることがあっても、会派と政党は区別されるべきです。自治体議会の円滑な活動のため工夫として認められるのは、あくまで会派の活動であって、全国政党の支部的集団ではないはずです。会派内における議論や調査活動をさらに積極的に展開し、できる限りその活動内容を公開していく必要もあります。重要な表決に関しては会派の縛りを解くとか、議長選挙では立候補者の抱負を訊く機会を設けるとか、首長とのなれ合いを遮断するとか、会派にまつわる問題を少しでも克服する努力が求められているのではないでしょうか。

◆議員懲罰

議会の運用問題として、つい最近、議員に対する「出席停止」処分の適否に関し、新たな最高裁判断が示されたことに触れておきます。

自治法は、「普通地方公共団体の議会は、この法律並びに会議規則及び委員会に関する条例に違反した議員に対し、議決により懲罰を科することができる。」とし、「懲罰に関し必要な事項は、会議規則中にこれを定めなければならない。」（一三四条）としています。懲罰は、公開の議場における戒告、公開の議場における陳謝、一定期間の出席停止、除名となっています（一三五条一項）。このうち、除名は議員の身分を失うため、裁判のほか都道府県知事や総務大臣に取消しを求める「審決」も可能とされてきました。しかし、除名以外の処分は、従来の最高裁判例により裁判で争うことができず、「審決」の対象にもならなかったため不服申立ての手段がなかったのです。

宮城県岩沼市の大友健市議（当時）は二〇一六（平成二八）年九月、市議会での発言を理由に二三日間の出席停止処分を受け、議員報酬も約二八万円減額されました。その後、市の処分取消しを求めて提訴していました。この訴訟の上告審判決で、最高裁大法廷は、二〇二〇（令和二）年一一月二五日、「司法審査の対象外」とした六〇年前の判例を変更し「常に裁判の対象となる」と判断し、対象にならないと主張した岩沼市側の上告を棄却しました。大法廷は、地方議員は住民の意思を自治体の決定に反映させるために活動する責務を負うと指摘し、出席停止によりその責務を果たせなくなるとした上で、適否が議会の自主的、自律的解決に委ねられるべきとは言えないと結論付けました。原告の前市議側は、一〇月の弁論で、多数会派による乱用的な不当懲罰は多いと主張し、改革の志を持って新人議員になっても、いじめのような扱いを受け、是正されないとしたら議会は活力を失うと訴えていました。この判例変更により、議会は、議員懲罰をめぐる自律的運用権の行使に関し、より一層の慎重さを求められることになりました。

議会の懲罰権は、会議体としての議会の規律と品位を保つために認められているものであり、自治法上の規定、会議規則及び委員会に関する条例に違反する議会内の議員の行為、あるいは、議会委員会の視察、視察中の行動など、議会の活動の一環又は議会の活動と密接な関係を有する行為に限られます。

第2章　自治体議員とは、どんな職業か

2-1 職業分類では、どう扱われているか

◆議員は職業か

自治体議員に「あなたはどなたですか」と問えば、答えは簡単かもしれません。名刺を差し出して、例えば「私は〇〇市議会の議員です」と答えることができます。次に、「議員って、どういう人のことですか」と問えば、「選挙で当選して議員になり、議会活動などを行っている人のことです」と答えられます。それでは、自治体議員は職業ですかと訊かれて「職業です」と即答できるでしょうか。

自治体議員の選挙公報をみますと、その職業欄には、会社経営、法人役員、自営、農業、農林業、漁業、政党役員、ジャーナリスト、主婦、無職など、さまざまな職業が記載されています。直前まで議員（現職）で議員以外に職業がなかった人は、職業欄に「議員」と書くのか「無職」と書くのか。「無職」と書いた人は、「議員」と書きにくかったか、議員は職業ではないと思っているかのいずれかでしょう。自治体議員は、法的には特別職の地方公務員なのですが、それがどういう職業なのか、必ずしも明らかでないのです。何か手がかりはないか探してみました。

◆国勢調査での分類

五年に一度、国勢調査が行われます。その国勢調査を所管している総務省統計局の解説によれば、仕事とは「一人の人が遂行するひとまとまりの任務や作業」を、報酬とは「賃金、給料、利潤（個人

業主）、その他名目のいかんを問わず、労働への対価として給されたもの」をいい、職業とは「個人が行う仕事で、報酬を伴うか又は報酬を目的とするもの」をいうとされています。

あまり知られていないのですが、この職業分類では、自治体の議員は、大分類の「管理的職業従事者」に属し、その下の中分類で「管理的公務員」に当たるとされています。その意味は「議会議員として立法関係の仕事に従事するもの」となっています。自治体議員は、「立法関係の仕事に従事し、その仕事の対価として報酬を得ている職業」ということになります。国の就業構造基本調査（総務省統計局）でいえば、明らかに「有業者」です。

議員は自治体の立法関係の仕事に従事しているのですから、タダ働きということはありません。現行の自治法二〇三条一項は、自治体は、その議員に対して「議員報酬を支給しなければならない」と定めており、議員は有給職となっています。

ところで、国勢調査の職業分類における報酬の定義を使えば、首長に支給されている「給料及び旅費」も報酬なのですが、実は、自治法では、別の考え方に基づいて区分がされているのです。それは、一般職の職員に適用される常勤・非常勤になぞらえて、首長（法律上は「長」ですが、他に長という職名がありますので、本書では首長といいます）は常勤扱いで「給料及び旅費」が、議会議員は非常勤扱いで「報酬」が支給されています。この区別には問題があるのです。この点は次章で検討します。

２－２　自治体議員は非常勤か

非常勤と見なされている

自治体議会のホームページを開くと、例えば、次のようなＱ＆Ａが載っています。

Ｑ．議員は毎日、議会に来るのですか？

Ａ．議員の身分は「非常勤特別職」ですから、毎日出勤する必要はありません。ただし、議会の会議や視察などを休む場合は、欠席の申し出をすることになっています。議員が議会に来ているかどうかは、市議会ロビーの「議員出退表示板」のランプで表示しています。

Ｑ．議会が開かれていないときは何をしているのですか？

Ａ．必要に応じて常任委員会、特別委員会、代表者会議、全員協議会など、市政上の重要な問題などを話しあう会議が開かれます。また、議員はこの時期を利用して、他自治体の先進事例を視察するなどの活動をしています。また、地域のさまざまな活動や問題解決に取り組んでいます。

ここでは当然のように、議員は毎日出勤する必要がないので、その身分は「非常勤特別職」であるとしています。特別職というのは、一般職と対比される概念で、地方公務員法は適用されません。直接住民による選挙で選ばれる議員と首長は特別職とされています。

自治体の議員は非常勤ですか常勤ですか、と問われれば、大抵の人は、即座に非常勤だ、と答えるでしょう。当事者の議員にも非常勤だと思っている人は少なくないのです。これが常識で、そうではないといえば、非常識だといわれかねません。しかし、非常勤だと決めつけるのは不見識ではないかと思います。

自治法の扱い

法的には議員が非常勤であるとは決めていないのです。それは自治法の規定を注意深く見ると分かるのです。従来、自治体議員が当然のように非常勤であると見なされてきたのは自治法二〇三条の規定のし方にあったのです

「普通地方公共団体は、その議会の議員、委員会の委員、非常勤の監査委員その他の委員、……その他普通地方公共団体の非常勤の職員（短時間勤務職員を除く。）に対し、報酬を支給しなければならない。２　前項の職員の中議会の議員以外の者に対する報酬は、その勤務日数に応じてこれを支給する。但し、条例で特別の定をした場合は、この限りでない。３　第一項の者は、職務を行うため要する費用の弁償を受けることができる。４　普通地方公共団体は、条例で、その議会の議員に対し、期末手当を支給することができる。５　報酬、費用弁償及び期末手当の額並びにその支給

方法は、条例でこれを定めなければならない。」（傍線は筆者。以下同じ）

これは、二〇〇八（平成二〇）年六月一日公布の改正自治法までの旧二〇三条です。ちなみに、自治法の二〇四条は「普通地方公共団体は、普通地方公共団体の長及びその補助機関たる常勤の職員、……、その他普通地方公共団体の常勤の職員……に対し、給料及び旅費を支給しなければならない。」と規定しています。

◆釈然としない解釈

旧二〇三条全体は非常勤職員についての包括規定であり、その先頭に議会の議員が出ています。二〇四条は一般職の常勤職員についての包括規定であり、長（首長）が先頭に出ています。すっと読むと、議員は非常勤であり、首長は常勤であると規定しているように思えます。しかし、選挙で選ばれる議員と首長（ともに公選職と呼びうる）をそれぞれの条文の先頭に入れながら、一般職の職員と違って、条文解釈としては非常勤とも常勤とも決めていないというのです。

この二つの規定の末尾に注目すると、いずれも「その他」の次に「の」がありません。これは、法令用語では、「その他」の前にある言葉と後ろにある言葉とが並列・対等の関係にあることを示しているのです。「その他の」であれば、議会の議員は非常勤で、首長は常勤だと決めていることになるのですが、「の」がないから、そう決めてはいないというのです。何か誤魔化されているように思えますが、これが内閣法制局的な解釈なのです。

それでは、これらの条文は何を規定しているのか。二〇三条は、自治体の議員には「報酬を支給しなければならない」ことを、二〇四条は、首長には「給料及び旅費を支給しなければならない」ことを規定しているだけであるというのです。どうも釈然としません。

二〇三条にいう「報酬」は二〇四条の常勤職の「給料」とは異なるという趣旨からしますと、「報酬」を支給される議員は非常勤であると解釈するのが当然であるように思えます。しかし、「の」がないから、そう解釈しなくてもよいというのです。

◆「報酬」から「議員報酬」へ

こんな紛らわしいことをせず、それとはっきりわかる規定ぶりにすればよいはずです。実は、二〇〇八（平成二〇）年の自治法改正によって、二〇三条は直され、議会の議員に関する規定が非常勤の職員とは切り離されて第一項にまとめられたのです。

現行の二〇三条一項は次の通りです。

「普通地方公共団体は、その議会の議員に対し、議員報酬を支給しなければならない。2 普通地方公共団体の議会の議員は、職務を行うため要する費用の弁償を受けることができる。3 普通地方公共団体は、条例で、その議会の議員に対し、期末手当を支給することができる。4 議員報酬、費用弁償及び期末手当の額並びにその支給方法は、条例でこれを定めなければならない。」

ここでは、「報酬」ではなく「議員報酬」と改められています。この改正によって、自治体議員の非常勤扱いはやや是正されたといえるのですが、依然として、すっきりしてはいません。

世間では、会社・官庁などに勤めて仕事をすることを「勤務」といいますが、その形態は、所定労働時間を通じてフルタイムで仕事をする常勤と所定労働時間のうち一部（パートタイム）で仕事をする非常勤とに区別されています。この区別を公選職にも当てはめ、首長は常勤であるが、議員は本会議や委員会など正規の会議の開催に合わせて必要な時だけ出勤しているから非常勤だとされているのです。

しかし、この見方は、首長も議員も原則として兼業が可能であり、職務専念の義務も課せられてはいないことと整合がとれませんし、議員を非常勤とするのでは、議会活動以外に行っている議員としての活動を職務として捉えられないのです。

2-3　非専業の扱い

自治体議員の選挙における立候補者の職業はさまざまです。議員に当選した後も、原則として、当選前の職業を続けることができます。自治体議員には、原則として兼業が許容されていますし、一般職の職員のように、勤務の場所と時間が決められ、上司の下で職務に専念する義務は課せられていません。この意味で自治体議員は専業ではないのです。

専業とは一つの仕事に専念することだとすれば、自治体議員は非専業の扱いになっているといえます。非専業というのは、本人の事情や意向で、議員を専業にしてもいいし、他に仕事をもつ兼業でもかまわないという意味です。

もちろん、兼業が許容されているからといって議員としての活動をおろそかにしてよいというわけではありません。議員は、直接公選によってその職に就任しているのですから、法令、条例、規則やこれらの規定に基づく議会の議決で定める規律に従って職務を遂行する義務を負っています。ただし、職務遂行の時間や場所などを含めて格段に広い職務遂行上の自由が保障されているものといってよいのです。

◆注意すべき兼業のケース

自治体議員は兼業が許容されていますが、注意すべきことがあります。

一つは、自治法九二条によって、自治体の議員は、衆議院議員又は参議院議員と兼ねること及び他の自治体議員並びに常勤の職員・短時間勤務職員と兼ねることができないことです。

もう一つは、九二条の二によって、自治体議員は、「当該普通地方公共団体に対し請負をする者及びその支配人又は主として同一の行為をする法人の無限責任社員、取締役、執行役若しくは監査役若しくはこれらに準ずべき者、支配人及び清算人たることができない」とされていることです。そして、公職選挙法の一〇四条の規定によって、自治体議員に当選し、当該自治体に対し自治法九二条の二に規定する関係を有する人は、当選の告知を受けた日から五日以内に、その関係を解消した旨の届出をしなければ当選が無効になるとされているのです。

議員になった時に、この兼業（請負関係）を解消しなかったために議員を免職になったケースがたまにあり、軽率ないし不注意といわざるをえません。なお、後で触れますが、この請負関係の兼業のあり方については、その緩和策が検討されています。

2-4 当選回数（期数）は重要か

期数と錯覚

自治体の選挙管理委員会が出す選挙結果情報には当選者が現職か新人かが記載されていますし、議会が出す議員一覧には当選回数が書かれています。当選一回と五回とか六回とでは違うのだといいたげです。

期数が多いことは、選挙に強い、あるいは選挙が上手であることかもしれませんが、必ずしも議員として資質があることの保証にはならないのです。むしろ問題は、何期も当選すると、自分が大物議員であるような錯覚をもち、新人と同列に扱われるはずはないという思い上がりが出てくることなのです。しかも、連続当選を重ねると、議員であることが、あたかも「生業《なりわい》」のようになり、選挙で当選すること自体が目的化し、それに役立つ手練手管に長けるような議員になりやすいのです。

自治体議員の任期は四年ですが、再度、立候補して当選すれば議員を務めることができます。議員は何期までというように期数の制限がないからです。首長についても期数の制限はありませんが、独任制であることもあって多選の弊害論はよく聞かれますし、期数を制限してはどうかという議論もあります。これに対して合議制の議会を構成する議員については多選を問題視することはあまりないのです。

四年ごとに再組織される議会

ある議員が何期も連続当選すると、あたかも議員職の再任が繰り返されているように思われやすいのです。しかし、そうではありません。議会は四年任期で選ばれた一定数の議員によってその都度、組織されるからです。四年ごとにいったん終了し、再び形成されるのです。現職議員が再選されれば、再び議員資格を獲得しますが、それは、新しい議会の議員になることであって、ずっと議員職への就任が継続しているのではないのです。

もちろん、四年ごとに議会が組織されるといっても、それまでの議会活動の蓄積は新たな議会の制約ないし促進の条件になりますから、四年ごとに断絶状態が起こるわけではありません。任期四年ということは、その間に選挙公約を実現する責任を負っているということであり、次の議会に迷惑になるような不備や不都合は残さないということなのです。議会は任期ごとに、いわばリセットされるのです。

その限りでは、同一議員の当選回数、いわゆる期数は意味をもちません。何回当選しても、その都度、新たな議会の一議員になるのです。何期も当選した議員は、新人議員に比べれば、議会運営の慣習や執行機関との関係等については詳しいでしょうが、それらは、議員としての任務遂行にとって最も重要な事柄ではないのです。何期も連続当選したベテラン議員だから議事機関としての任務を適切かつ十分に果たしているとは限らないのです。もちろん、新人の一期生であっても「一期生なので、勉強中です」などという言い訳が通るはずはありません。議員になろうとするならば、議員に立候補する前に自治体と議会・議員に関する基本的な知識を備えていなければならないからです。

対等な扱い

議員は、一人ひとりが選挙で選ばれたという点で対等であり、議会の審議においては発言権と票決権が平等であるという点でも期数は関係がありません。四年ごとに選挙で選ばれるという意味で、当選したすべての議員は新しい議員なのです。したがって、期数に関係なく、報酬も政務活動費も同じ扱いとなっています。一期目だから報酬が低いとか、期数が増えるごとに報酬が上がるということはありません。

期数に関係なく、すべての議員は、一人前に働いてもらわなければ困るのです。ベテラン議員だから議会で寡黙を通すというのも、新人議員だから、見習いとしてぼちぼち、というのもおかしいわけです。

もともと議員間には上司・部下の関係はありません。議会の議長は、「議場の秩序を保持し、議事を整理し、議会の事務を統理し、議会を代表する」（自治法一〇四条）ことになっていますが、その議長は、議員の中から議員の選挙によって選ばれるのです。議長には議会活動を取り仕切る役割を認めていますが、災害などの非常時は別として、他の議員に指示や命令を出せる上司になるわけではないのです。

世間一般で行われている先輩後輩の作法や長幼の序が議員間でも通用することもあるでしょう。いかに対等な立場であるといっても、新人議員が先輩議員から学ぶという点で謙虚であるべきですし、先輩議員は、偉ぶらず、威張らず、さすが先輩議員と尊敬されるような言動が望まれます。

◆同期のメンバーとして

一癖も二癖もある政治家の集まりですから、そうそう望ましい関係を想定するのは無理かもしれませんし、選挙戦では成り振りかまわず票集めで争い、遺恨があるかもしれません。それでも、当選すれば、同じ議会の議員として共同で責任を負うメンバー、同僚になるのです。

それぞれの議員は、選挙のときに、それなりに公約を述べて支持を訴えたはずです。ベテランの議員が選挙戦で約束した公約も、他の同僚議員の賛同を得なければ実現できないのです。期数の多さを自慢げに上司のように振る舞うのは思い違いといわなければなりません。基本的には期数の多寡に関係なく、議会の構成メンバーとして対等な立場で自由闊達に意見を交わせることが重要です。これを議員同士の討議といい、議会人の真骨頂といえます。

第3章　議員報酬をどう考えるのか

3-1 議員には一定の月額報酬とボーナスが支給

自治体議員を一般職の非常勤職員と同列に非常勤と見なすことがおかしいのは、自治法旧二〇三条二項からもいえるのです。そこには「前項の職員の中議員以外の者に対する報酬は、その勤務日数に応じてこれを支給する。」とありました。この項目は新二〇三条からは削除されていますが、扱いは現在でも変わっていません。

これによって、議員の報酬は勤務日数に応じた支給ではなくてもよいとされ、現に月額の報酬が支給されています。普通の住民は、これを給料と見なすでしょう。しかし、給料ではなく、あくまでも報酬なのです。しかも、議会が開会中か閉会中かにかかわりなく、条例の定めにより、月々一定額が支給されています。この報酬とは、一体、議員のどういう活動に対する対価として支給されているのかはっきりしないのです。

しかも、非常勤の職員には支給されない「期末手当」（ボーナス）が出ています。公費支給の観点からは、議員を非常勤と見なすのは辻褄が合わないのです。

自治法上の扱い――歴史を振り返る

どうして、こんなにわかりにくい制度になったのか。議員の身分の位置付けに関する自治法上の規定としては、議員に対する報酬の支給等を定めている二〇三条があるのみなのです。そこで二〇三条の変遷を簡単に振り返ってみましょう。*

＊　以下に関しては、全国都道府県議会議長会事務局『地方自治法（議会関係）の変遷に関する調』（平成一四年一〇月）及び全国都道府県議会議長会「都道府県議会制度研究会」の最終報告『自治体議会議員の新たな法的位置付け』二〇〇七（平成一九）年三月の巻末の（参考資料・自治体議会議員の位置付けに関する規定の変遷を参照）を参照しました。

◆一九四六（昭和二一）年の第一次地方制度改革

戦後の一九四六（昭和二一）年に、府県制、市制及び町村制の全面改正という形で、第一次地方制度改革が行われました。これによって、それまで議会議員を名誉職とする制度は廃止されました。この改正後の府県制、市制及び町村制においては、従前の名誉職員を報酬及び費用弁償の支給対象職員として限定列挙し、これ以外の職員を給料及び旅費の支給対象職員として規定し直しました。この時点では地方公務員法もまだ制定されていなかったことから従前の名誉職と有給職という区分が使われていました。

地方議会議員及び参事会員に報酬を支給することになった理由について、当時、政府では次のような説明が用意されたといいます。

①　地方議会の議員や参事会員は現在名誉職とせられ、実費弁償のみを受けるものとなっているのであるが、地方団体の事務が近年著しく複雑多岐を加え繁忙となってきたので、執行機関のみで

なく議員や参事会員の職務も相当に多忙となり、有権者の増加に伴って出費も増加する実情にあるから、これに報酬を支給し得る途を拓くのが当然である。

② 議員は選挙に多額の費用を要する外、議員としての交際等のためにも相当多額の費用を必要とするため、従来費用弁償の外に、種々の事実上の行過が行なわれてきた傾向があるが、それが却って問題の種子となっているような場合があるからむしろ明確に議員にも勤務に相当する報酬を支給することを建前とする方が適当である。」（内務省編「改正地方制度資料第一部」、一九四七（昭和二二）年、二九六～二九七頁）

これによって、自治体の議員には報酬が支給されることになったのですが、従前の実費弁償はそのまま残りました。報酬と実費弁償の関係はまったく考えられていなかったと思われます。

◆一九四七（昭和二二）年の自治法制定

一九四七年の自治法制定によって、二〇三条は「普通地方公共団体は、その議会の議員、選挙管理委員、議会の議員の中から選任された監査委員、専門委員、投票管理者、開票管理者、選挙長、投票立会人、開票立会人及び選挙立会人に対し、報酬を支給しなければならない。２　前項の者は、職務を行うため要する費用の弁償を受けることができる。３　報酬及び費用弁償の額並びにその支給方法は、条例でこれを定めなければならない。」と定められました。

議会の議員等に対する規定は、自治法の第八章「給与」の章の冒頭に置かれています。条文の構成と規定の仕方は、一九四六（昭和二一）改正後の府県制、市制、町村制と同じでした。ただし、第一項の表現に見られるとおり、報酬支給の根拠が義務規定に変わったのです。しかし、この段階では、まだ常勤・非常勤という概念は登場していません。

◆一九五二（昭和二七）年の自治法改正

一九五二年の改正により、二〇三条一項は「普通地方公共団体は、その議会の議員、（中略）……その他普通地方公共団体の非常勤の職員に対し、報酬を支給しなければならない。2～3（略）」と直されました。この改正は、一九五〇（昭和二五）年の地方公務員法の制定に伴うもので、このとき章名も「給与」から「給与その他の給付」に変更されています。これは、同法における給与の観念との均衡を図り、報酬および給料を「給与」とし、費用弁償、旅費、退職年金、退職一時金、実費弁償を「その他の給付」としたことによるものでした。

このときの自治法二〇四条の改正で「常勤の職員」の用語による条文の整備が行われました。これに対応して二〇三条で初めて「非常勤の職員」の用語が用いられ、「その他普通地方公共団体の非常勤の職員」が給付対象者とされたのです。二〇三条は「非常勤の職員」を対象とする概括列挙の規定となっています。二〇三条に議会の議員を規定しながら、条文上「その他」の次に「の」を入れないことで、議員を非常勤と決めつけてはいないという曖昧な措置をとったといえます。

この改正に先立って、一九五一（昭和二六）年九月の「地方行政調査委員会議」の「行政事務再配分に関する第二次勧告」では、簡素化の観点から、地方議会の議員はすべて「名誉職」とする提案がなされていました。これに対し、当時の全国都道府県議会議長会は「議員の身分を名誉とすることは、勢いの責任概念の上において、その活動を消極化し、議会をして従来の執行部に対する協賛機関的存在たらしめる概念がある。」と反対意見（同年一一月三〇日）を出しています。議員の身分を名誉職へ復旧させることはありませんでした。

◆一九五六（昭和三一）年の自治法改正

二〇三条一項はそのままであったのですが、一九五六（昭和三一）年改正により、二項以下に次のような大きな変更が加えられました。「２　前項の職員の中議会の議員以外の者に対する報酬は、その勤務日数に応じてこれを支給する。但し、条例で特別の定をした場合は、この限りでない。３　第一項の者は、職務を行うため要する費用の弁償を受けることができる。４　普通地方公共団体は、条例で、その議会の議員に対し、期末手当を支給することができる。５　報酬、費用弁償及び期末手当の額並びにその支給方法は、条例でこれを定めなければならない。」

この改正では、二項と四項が新設され、議員の報酬支給に関する特例等を規定した点で大改正であったといえます。新設の二項は、議会の議員を除く非常勤職員に対する報酬についての支給原則を定めたものであり、そのただし書は国会審議の過程で新たに追加されたものでした。これは、第二四回国会衆議院地方行政委員会（昭和三一年四月）における修正でした。*

＊地方自治総合研究所監修・今村都南雄・辻山幸宣編著『逐条研究　地方自治法Ⅲ　執行機関―給与その他の給付』（敬文堂、二〇〇四年）一〇九六頁、自治庁行政部行政課編『改正地方制度資料』（第一二部）（大蔵省印刷局、昭和三二年）三六三頁）。

一九五六（昭和三一）年五月一〇日の参議院地方行政委員会における政府委員（小林与三次）補足説明（勤務日数支給から議員を除いた理由）では、「国の場合におきましても、議員につきましては、歳費という制度が確立しておりまして、地方でも従来歳費というような観念でおおむねずっと前から行われておりますので、国との関係も考慮して、これを除くことにいたしたわけでございます」とされています。*

＊　前掲『地方自治法（議会関係）の変遷に関する調』二九九頁。

また、同年五月二二日の衆議院委員会では地方議員の性格をめぐって次の議論がなされています。

小林武治君　県会議員は報酬で生活するものであるのか。地方議員の性格は名誉職か、専従職か。

国務大臣（太田正孝君）　議員の生活方式が名誉職的であるか、あるいは専従職であるかという問題につきましては、よく言われることでございますが、名誉職という規定は、昔の地方議会等においてはございましたが、無報酬の名誉職としては、私は今日の経済情勢から見てもできないのではないか。さりとて専従職として常勤的な役人のような立場にいくべきものでもない。従って、いわばその中間的なところにあるのではないかと思います。（中略）性質論としては専従職と名誉職と対立的なものとすると、名誉職的の色彩が強い。しかし昔のいわゆる名誉職の、ただで働くという意味の名誉職ではないと私は思います。対立的に言えば、名誉職と専従職となる場合におきましては名誉職の例であるが、しかしいわゆる昔からいわれている名誉職におきましては、給与を得ておらぬ場合が多おうございますから、そういう意味ではない。まあ中をとったような性質じゃないかと、こう思うのでございます。[*]」

＊　前掲『地方自治法（議会関係）の変遷に関する調』三〇四～三〇五頁。

勤務日数に応じて支給するという原則が「議会の議員以外の者に対する報酬」に限定されたのは、以前から歳費制度がとられている国会議員との均衡が考慮されたためでした。しかし、このことは、議員の報酬については月額又は年額によるべきであるというような反対解釈を許容する趣旨ではなく、法的には議会の議員の報酬に関する支給の原則については何ら触れていないということになったのです。触れられないがゆえに月額でも年俸でもかまわないというわけです。実際には月額となっています。

新設の四項は、議員に対する期末手当の途を拓いた規定であり、これにより、五項では従前の報酬及び費用弁償に加えて期末手当が追加規定されることとなったのです。

期末手当を支給する理由

一九五六（昭和三一）年五月二一日の衆議院の委員会において地方議員に期末手当を支給する理由は何かという質問に政府は次のように答弁しています。

政府委員（小林与三次君）　期末手当につきましては、御議論がこれはあるのですが、これはわれわれとしても、いろいろ議論のあった問題でございます。ただ、今後まあ給与の建前を国家公務員に準じて種類を法定しよう、そういう法定した以外は出すことを禁止しよう、こういう建前をとったものでございます。期末手当につきましては、これは国会議員の方でも出しておるようでございますから、そこで、地方も全部出しておるわけじゃございませんが、府県、市などはかなり出しております。町村は出しておらぬ方が多うございます。それでまあ出し得るということだけにしておくよりしようがないじゃないか、こういうことで期末手当の規定を入れたのでございまして、当然に全部やれという趣旨じゃもちろんございません。ただそういう給与の建前を変えた結果、これを入れなかったら、禁止するという建前になるのはいかがかということで、やむを得ず入れたのでございまして、実情によってこの手当の支給されることを期待いたしておるわけでございます。*

＊　前掲『地方自治法（議会関係）の変遷に関する調』三〇〇頁。

「やむを得ず入れた」といっても、可能にすれば出すことになります。事実そうなりました。期末手当の支給について、政府は、「議員に期末手当を支給できるとするのは行き過ぎではないか、地方議会の議員は名誉職的なものと考えるべきではないか」との問いを想定していましたが、それに対する答えは次のようなものでした。

地方議会の議員に対する給与その他の給付は、地方公共団体の常勤の職員と異り、それをもって本人及びその家族の生活を維持するという建前の上に立つものではないから、その限りにおいては、議員に対する期末手当の支給は必ずしも必要とは思わないのであるが、今回の改正法により、議員も含めて、地方公共団体の職員に対してはいかなる給付も法律又はこれに基づく条例に基づかずには支給できないこととなるので同じく議決機関の構成員たる国会議員に対し現在期末手当が支給されていることに鑑み、地方議員に対しても条例で特に規定するならば、支給できることとしたのである。したがって、今回の改正は議員に対する期末手当の支給の途をひらいたに過ぎないのであって、支給しなければならないものとしたわけではないから、敢えて行き過ぎとは思わない。又地方議員が名誉職的なものとのお考え方については、名誉職の意味が必ずしも明らかでないが常勤の職員を専従職ということに対するものとして、名誉職の語を用いるならば、その通りであると思うが今回の改正が地方議員を、いわゆる名誉職的なものでないものにしたとは考えていない。*

＊　前掲『地方自治法（議会関係）の変遷に関する調』六二六頁。

議員は専従職ではないが、期末手当を支給しても議員を「名誉職的なものでないものにした」わけでもないといっています。実にあいまいな扱いでした。結局、国会議員に対し期末手当が支給されていることに鑑み、地方議員に対しても条例で特に規定するならば、支給できることとしたといっているだけです。政治決定が「いい加減」である例かもしれませんが、「いい加減」だからこそ、何者であるのか曖昧な地方議員にもボーナスが出るようになったともいえるのです。政治決定の「妙味」とも「自堕落」ともいえるような改正でした。

一九五五年の第二二国会に提出された自治法改正の政府原案においては非常勤の職員には期末手当は支給できないこととされていたのでしたが、地方議員側の要求により、一九五六年改正では議会の議員に限り期末手当を支給できることとしたのです。いずれにしても、議員の職務との関係で一貫して説明できる改正ではなく、地方議員側からの圧力活動が奏功した結果であったといえます。このようにして、議会の議員に対する公費支給は、非常勤職員に対する給付原則の例外的な扱いとしての性格をもつことになりました。

3 2 議員報酬の決め方

自治体は、その議員に「議員報酬」を支給しなければなりませんが、その額をどのように決めるかは、議員処遇問題の中心的なテーマです。どこの自治体も、特別職の報酬等については、首長の諮問機関である「特別職報酬等審議会」の議を経て、条例で決めています。これには経緯があります。

執行部三役との比較

二〇〇六（平成一八）年六月までは、執行部の三役といえば、市町村では市町村長、助役、収入役、都道府県では知事、副知事、出納長で、特別職の常勤職とみなされていました。これに対して、自治体議会の議員は、非常勤的な扱いでした。そこで、議員は公選職であっても、三役より高い報酬の支給は想定されていなかったのです。「議員の報酬は、出納長、助役の給与を上限として、議員としての活動の態様により、議会ないし政党活動に専念する者の多い都道府県においては上限に近い上席の部長級にスライドし、名誉職感覚の残る町村においては低いという形に収斂してきているように思われます。市においても、収入役より高いのは指定都市だけのようです。」というのが実状でした。*

このうち、収入役と出納長は二〇〇六年の自治法改正により廃止され、一般職の会計管理者が置かれることになりました。また、助役は、二〇〇七年の自治法改正によって廃止され、特別職の副市町村長制度へ移行しました。

＊　自治総合センター・地方議会制度調査研究委員会『地方議会に関する問題点』昭和六一年一月、三四―三五頁。

一九六八（昭和四三）年に国が示した参考基準

実際には、報酬等の額及びその支給方法に関する条例を提案するのは首長ですが、その審議・議決は議会が行うため、「お手盛り」の批判が出ました。

そこで、国（旧自治省行政局長）は、一九六八年一〇月一七日に各都道府県知事宛に、特別職報酬等審議会について、以下のような参考基準を示しました。

（参考基準）

一　審議会の委員の選択

一部の地方公共団体において、特別職報酬等審議会（以下「審議会」という。）の委員の人選が元議員や当該地方公共団体から特別な財政援助を受けている団体の代表者等に偏重し、世論の批判がみられるが、委員の選任に当たっては、審議会の審議に住民各層の意向を公平に反映させるため、委員の構成が、住民の一部の層に偏することのないよう配意すること。

二　給与改定の実施期間の諮問
　審議会に諮問する事項は特別職の職員の給料および報酬の額だけでなく、その改定の実施時期についても諮問するものとすること。
三　審議会への提出資料
　三役および議会の議員の給与につき審議会に諮問を行なうに際しては、人口、財政規模等が類似している他の地方公共団体における特別職の職員の給与額、当該地方公共団体の特別職の職員に関するここ数年来の給与改定の状況等に関して、少なくともおおむね別記に掲げるような項目の資料はこれを提出し、審議会において充分な審議が行なわれ、適正な給与額の答申がなされるよう配意すること。
四　審議会の運営
　審議会は必要に応じ、公聴会の開催、参考人の意見の聴取等の方法をとることにより、その審議に当該地方公共団体の多くの住民の意思が反映するよう努めるとともに、答申に当たっては審議経過、答申の理由等を明確にし、住民の理解が得られるよう特に留意すること。
五　答申の内容の尊重
　特別職の職員の給与を改定する際には審議会の答申の額を上回って給与の額を決定し、または改定の実施時期を繰り上げることのないよう充分配意すること。

別記（資料項目）
一　近年における消費者物価上昇率

二　人口、財政規模等が類似している他の地方公共団体の特別職の職員の給与月額
三　過去における特別職の職員の給与改定の状況
四　一般職の職員の給与改定の状況
五　議会費の前五か年間の一般財源に対する構成割合および報酬を引き上げた場合における平年度ベースの構成割合の増加見込
六　当該地方公共団体の議員報酬月額総額の住民一人当たり額と類似地方公共団体のそれとの比較
七　議会議員の活動状況（審議日数）
（注）五～七は議会議員のみに係るものである。

◆一九七三（昭和四八）年の通知

さらに、国（自治省行政局公務員部長）は、一九七三年一二月、各都道府県知事あてに、「特別職の報酬等について」という通知を発出しています。

特別職の報酬等については、「特別職の報酬等について」（昭和三九年自治給第二〇八号各都道府県知事あて自治事務次官通知）及び「特別職の職員の給与について」（昭和四三年自給年自治第九四号各都道府県知事あて行政局長通知）の趣旨に沿って措置されてきていることと思料するが、最近、一部の地方公共団体において、特別職の報酬等の決定に関し、一般職の職員に適用される給料表の特定の給料月額に一定割合を乗じて得た額とする等、いわゆるスライド方式を採用するむきが見受けられる。

特別職の報酬等は、その職務の特殊性に応じて定められるべきものであって、生計費や民間賃金の

上昇等に相応して決定される一般職の職員の給与とは自ずからその性格を異にし、また、その額は個々具体的に住民の前に明示するよう条例で定めるべきものであり、したがって、一般職の職員の給与改定に伴い、特別職の報酬等についても自動的に引上げられることとなるような方式を採用することは、法の趣旨に違背するばかりでなく、特別職の報酬等の額の決定について広く民意を反映させるために設置されている特別職報酬等審議会の実効性が失われることにもなるので、かかる方式を採用することのないよう、厳に留意されたい。

なお、貴管下市（区）町村についても、この通知の趣旨に沿って適切なご指導を願いたい。*

＊　以上の通知に関しては、都道府県議会議長会資料「議会関係主要通知通達等（報酬関係）」六七五～六七七頁に依拠した。

右の傍線の表現ぶりからしますと、特別職である議員の報酬は、一般職の職員の給与とは性質を異にし、その職務の特殊性に応じて決められるべきであり、それは、「公選職」として処遇ということになるはずです。

◆報酬水準の大きな差

各自治体では、一九六八（昭和四三）年の参考基準と一九七三（昭和四八）年の通知にそって、特別職報酬等審議会を設置し、その答申を尊重しながら、特別職の報酬等を決めています。実際に条例で決められた報酬等を見て、すぐ気がつくことは、その水準に大きな差があることです。そして、その差を合理的に説明することが難しいということです。

例えば「平成の大合併」に伴い、在任特例で町村議員が市議会議員になった場合、その報酬をどうするかは合併協議事項の一つでしたが、市議会議員になっても、議会活動はほとんど違わないにもかかわらず、どうして報酬等が引き上げられるのか、当事者の議員さえ戸惑う事態も起きたのです。逆に、市議会議員になっても報酬等は町村議員のときの額に据え置いたところでは同じ市議会議員の間に処遇の違いが生まれました。いったい何を根拠にして議員の報酬等は決まっているのか、あるいは決めるべきか、明らかでなかったのです。

総務省の「平成二九年　地方公務員給与の実態　平成二九年四月一日地方公務員給与実態調査結果」によると、以下のように、自治体議員の平均月額報酬は最高と最低とでは相当の開きがあります。

都道府県では最高が愛知県で議長一二〇・九万円、議員九七・七万円、最低は大阪府で議長八一・九万円、議員六五・一万円、政令指定都市では最高は横浜市で議長一一七・〇九万円、議員九五・三万円、最低は議長では相模原市の七七・九万円、議員では浜松市の六四・八五万円、特別区では最高は議長では江戸川区の九五・六万円、議員では足立区の六一・九万円、最低は議長では杉並区の八六・〇三万円、議員では中野区の五八・八三万円、市では最高は西宮市の議長で八二・七万円、議員では金沢市と東大阪市で七〇万円、最低は夕張市の議長で二三万円、議員の一八万円、町村では最高が神奈川県葉山町で議長四九・九万円、議員四〇万円、最低は東京都御蔵島村で議長一四万円、議員一〇万円となっています。

こうした差は、各自治体の実情を反映しているのですが、議員報酬が交付税措置されていることを考えれば、にわかには納得しがたい開きだといえそうです。各段階の自治体で議員が果たしている活動実態にそれほどの開きがあるとは考えられないからです。

3 地方交付税措置

二〇〇三（平成一五）年の例

議員報酬については地方交付税では基準財政需要額として措置されています。それが分かりやすくなっていた時期の資料で検討してみます。

政務調査費が導入された二〇〇三年度の地方交付税における議会費の議員関係の措置は次頁の表3―1の通りでした。

二〇〇三（平成一五）年度における標準団体の議員報酬は、積算内容で道府県分と市町村分には大きな差があります。また、政務調査費が都道府県には措置されているのに市町村には措置されていません。支給が義務づけられていない政務調査費が基準財政需要額として算定されている理由は不明でした。

表３－１　標準団体行政経費積算内容（人口を測定単位とするもの　経常経費　平成15年度）

①　道府県分（「その他の諸費」歳出　標準団体人口170万人、議員数53人）

経費区分	経費（千円）	積算内容（千円）
報酬	641,601	議員報酬 475,260 議長 877,000円×１人×12月 =10,524 副議長 784,000円×１人×12月 =9,408 議員 744,000円×51人×12月 =455,328 期末手当 475,260,000円×12/4.20=166,341
給与費	269,510	賃金、速記筆耕翻訳料、その他（旅費、交際等を含む）
需用費等	24,212	
負担金、補助金及び交付金	202,444	議会関係団体負担金 2,410 議会共済団体負担金（給付費） 47,318 （事務費） 716 政務調査費 152,000
歳出計	1,137,767	

②　市町村分（「その他の諸費」歳出　標準団体人口10万人、議員数26人）

経費区分	経費（千円）	積算内容（千円）
報酬	155,298	議員報酬 116,292 議長 429,000円×１人×12月 =5,148 副議長 382,000円×１人×12月 =4,584 議員 370,000円×24人×12月 =106,560 期末手当 116,292,000円×12/4.025=39,006
給与費	56,800	賃金、速記筆耕翻訳料、その他（旅費、交際等を含む）
需用費等	4,254	
負担金、補助金及び交付金	13,148	議会関係団体負担金 757 議会共済団体負担金（給付費） 12,121 （事務費） 270
歳出計	229,500	

出所：地方財務協会『平成15年度地方交付税制度解説（単位費用篇）』

表3－2　2002年度地方交付税措置（万円）

	知事	副知事	出納長		議長	副議長	議員
特別職給年額				報酬年額	1,086	970.8	921.6
				期末手当	385	345	328
	2,920	2,178	1,838	年総額	1,471	1,315.8	1,249.6
指数	1.000	0.746	0.629		0.504	0.451	0.428
参考鹿児島県	2,100.2	1650	1,473.8		1,650	1,473.8	1,313.6
	1.000	0.786	0.702		0.786	0.702	0.625

地方財務協会『平成14年度地方交付税制度解説（単位費用篇）』によって筆者が作成。

平成14年度標準団体行政経費積算内容。

議員報酬は報酬と議員期末手当と別立てになっていますが、期末手当は報酬年額×0.355になっているので按分してあります。

特別職給には期末手当は入っています。

積算上は、議員には１人月約23.9万円、年額約286.8万円が措置されています。

◆二〇〇二（平成一四）年度の例

特別職給と議会議員の報酬・期末手当に関して、二〇〇二年度で見ると（二〇〇三年度から特別職給は、三役として一括りにされ、知事、副知事、出納長の区別がなくなっているため）、**表3―2**の通りでした。

この表で見ますと、交付税の算定では、議長は知事の半分、議長・副議長・議員とも出納長以下になっています。これは積算額に現れた国の評価であるともいえます。この地方交付税上の算定には報酬額の標準に関する国の一定の見方が反映しているといえますが、その根拠は定かではありません。

参考のため、当時、標準団体といえる人口約一七一万人の鹿児島県を見ますと（二〇〇六（平成一八）年度）、指数はいずれも高く、国の積算より議員年額は高く、議長は副知事と、副議長は出納長とほぼ同額になっています。鹿児島県としてのそれなりの「自主性」が表れていたともいえます。

二〇〇四（平成一六）年度以降は、特別職（常勤）の給与費については、道府県分、市町村分ともに、三役（知事・副知事・出納長）が一括して表記され、道府県分の議会費についても、議長・副議長・議員、議員期末手当が込みで表記され、市町村分は議員報酬として議長・副議長・議員、議員期末手当が込みで表記されているため、特別職間の比較は検討しにくくなっています。

◆問題視された交付税措置

実は、あまり知られていないことですが、首長給与と議員報酬の地方交付税措置に関して問題になったことがあります。地方分権推進委員会の後継機関であった地方分権改革推進会議（西室泰三議長）は、二〇〇四（平成一六）年二月四日の小委員会で、地方議会議長会三団体のヒアリングが行われ、委員から、今後の人口減少を踏まえて、地方議会議員や地方公務員の数を三割削減するとともに、議員報酬などの地方交付税措置を見直し、住民が負担するよう求める等の意見が述べられました。

これに対し、地方議会議長会三団体側からは、単に議員定数を減員することは議会活動に支障が生じ、地方自治の民主主義が崩壊しかねない、地方議会関係経費は、憲法上保障された議事機関に対する財源保障である、といった応答がなされています（第四五回地方分権改革推進会議小委員会会議議事録・詳細版を参照）。

その後も、経済財政諮問会議などで、首長等の三役の給与などを賄う総務費とともに、議員の給与を賄う議会関係費を地方交付税の算定対象から外し、市町村独自の財源で負担させる案が議論されています。

しかし、地方交付税の算定対象から外せば、小規模な市町村の中には議員数の大幅な削減や議員を実質的に無報酬にするなどの措置を取らなければならなくなる可能性が出てきます。もし公選職の首長と議員への公費支給と地方交付税措置との関係を見直すというのであれば、自治体への財源保障のあり方、住民自治の観点からの公選職の扱い、その経費、決定の仕組み、財源のあり方など、いろいろな面から検討しなければならないはずです。

◈議員報酬の比較対象は

一般職と区別される「特別職」には、副知事・副市町村長も含まれ、就任に当たって議会の同意を必要としますが、彼らは広義では知事・市町村長の補助職員というべき存在であって、議員報酬の比較対象にするのは適当ではないと思います。まして、議員報酬を一般職の幹部職員との比較で決めるのは、議員が住民によって直接選挙される公選職であることを軽視することになるのではないかと思います。やはり同じ直接公選職である首長との比較で考えられるべきではないでしょうか。*

＊　なお、日当制を導入した福島県矢祭町と議員報酬に成果主義を採用した熊本県五木村のケースについては、拙稿「矢祭町と報酬の日当制」（大森彌『政権交代と自治の潮流』第一法規、二〇一四年、二三三〜二三六頁）及び「短命に終わった成果主義の議員報酬」（『議員ＮＡＶＩ』二〇一六年二月二五日号）を参照されたい。

3-4 首長給料との比較

三重県議会では、三重県議会基本条例一三条に基づく調査機関（議員報酬等に関する在り方調査会。会長・大森彌）を設置し、議員活動又は議会活動を支える議員報酬及び政務調査費のあり方について調査報告を求めました。調査会では、議員の活動日数等をもとに議員報酬のあり方と報酬額を検討した先行事例である会津若松市議会（二〇一〇（平成二二）年一二月二日「議会活動と議員定数等との関連性及びそれらのあり方」最終報告）と北海道福島町（二〇一〇（平成二二）年一二月「議員定数と議員歳費に関する答申」）を参考にしつつ、二〇一二（平成二四）年六月に最終報告書「三重県議会議員の活動と議員報酬等のあり方～県民の期待・信頼に応えるために～」を提出しました。

報告書では、条例本則に規定すべき議員報酬の適正額のあり方やその根拠について、知事との比較をもとに明らかにしています。議員報酬を決める独自の基準はなかなか見つからないのです。また、その時々の社会経済情勢や県の財政状況等を考慮して行われる附則や特例条例による減額は政治的判断によるものと考え、条例本則で比較しています。

同じ公選職である知事との計数的な比較を行うという手法をとり、比較すべき知事の給料は条例本則額とし、基本算定式は、議員報酬＝知事の給料×職務活動時間による比率とし、職務活動時間による比率は知事を一とすれば議員は〇・七となることを導き出しています。

このような方式で首長の給料との比較によって算出するということは、議員報酬の算定を首長の給料額に依存させるということです。ということは、首長の給料水準の決め方が問題になります。公選職だからといって民間の水準からあまりかけ離れてしまうのは問題ですから、例えば知事や政令市の市長の場合は、当該都道府県内あるいは政令市内の五〇〇人以上の企業のおおむね第三位（五〇〇人以上の企業において三番目に高い給与を受けている者の平均給与額）を目安にするといったことを検討することが考えられます。

◆決め手を欠く類似団体との比較

自治体では、物事を判断するときに、しばしば類似団体との比較衡量という尺度が用いられています。これは一種の平準化思考であり、住民・世間への説明材料として使われます。類似した他の自治体がこのくらいだから、自分たちのところもこれくらいならよいのではないかという発想です。その際、都道府県や政令指定都市は相互間で、一般市町村は都道府県内の類似団体と比較して、人口規模や財政状態などを勘案し「常識の線」を探ることになります。

この判断基準は特別職報酬等審議会の審議・答申でも使われてきました。旧自治省が参考として示した審議会での考慮事項にも「人口、財政規模等が類似している他の地方公共団体の特別職の職員の給与月額」が入っています。議会議員のみに係る考慮事項にも「当該地方公共団体の議員報酬月額総額の住民一人当り額と類似地方公共団体のそれとの比較」が含まれています。

結局、これらの事項を総合的に判断して、据え置き、引き上げ、引き下げを決めています。しかし、これが決め手になるとまでは言えません。結局、特別職報酬等審議会の「良識ある」答申に期待するということになっているのです。近年、議員のなり手不足手への対処策の一つとして議員報酬の引き上げを行った自治体がありますが、それが決め手になるかどうか検証の必要があります。

3-5 費用の弁償とは

旧二〇三条三項は「第一項の者は、職務を行うため要する費用の弁償を受けることができる」と規定していました。一般職の非常勤職員の場合は、勤務日数に応じた報酬になっており、「職務を行うため要する費用の弁償」とは勤務のために必要な交通費を含む実費の支給のことです。これに対して、ごく最近まで、議員の場合には不適切な費用弁償が出ていたのです。

自治体は、「議員報酬」は支給しなければなりませんが、「職務を行うため要する費用の弁償」については、議員が「受けることができる」という規定ぶりになっています。これは、議員報酬とは別に職務遂行に要する費用を支給しようとする趣旨であるといえます。

そもそも費用弁償は、自治体議員が無報酬の名誉職だった戦前から持ち越したものです。戦後、議員に対する報酬の支給が義務付けられにもかかわらず、費用弁償のあり方が検討されることなく残存したというのが経緯です。

費用弁償は職務遂行に必要な経費の実費であると解釈されており、その一つがいわゆる応召旅費

（招集に応じ会議等に出席するために要する費用の弁償）であり、もう一つが出張旅費です。

応召旅費

応召旅費の支給は、今日では、一般には「主に交通費の実費負担に対する支給」と解されていますが、定額支給を認めていたため、その実態が、交通費なのか月額報酬には含まれない一回ごとの「実働」への報酬なのか必ずしもはっきりしていなかったのです。住民から見れば、月々の議員報酬は会議等に出席するという最も基本的な議員としての職務活動に対して支払われているのではないか、という素朴な疑問が起こります。

応召旅費とは出勤手当だともいえます。議会議員には給与ではなく「報酬」が支給されてはいますが、出勤手当はないのです。そこで、議会活動に出てきた場合は一日につき応召旅費を支給するというわけなのです。この点で、費用弁償は議員を非常勤扱いにしているといえます。

費用弁償の方法は、職務で費用を要した場合、その都度、実費を計算してこれを支給することもできますし、あらかじめ費用弁償の支給事由を定め、それに該当するときには、標準的な実費である一定の額を支給することもできる扱いになっていました。この場合、いかなる事由を支給事由として定めるか、またその額を幾らとするかは各自治体の条例で定めていました。費用弁償について日額支給制をとる議会が多かったのですが、報酬の二重取りだ、議員特権だという厳しい声もあり、交通費の実費支給に切り替えられることになったのです。

◆内外の視察旅行と費用弁償◆

しばしば問題になるのは議員の内外の視察旅行です。

二〇〇二（平成一四）年の地方自治法の改正で、その一〇〇条一二項に「議会は、議案の審査又は当該普通地方公共団体の事務に関する調査のためその他議会において必要があると認めるときは、会議規則の定めるところにより議員を派遣することができる」という規定が設けられました。

議員の派遣を決定するに当たっては、派遣の目的、場所、期間その他必要な事項を明らかにしなければなりません。議員は、研修、調査・視察、会議、式典、要請・陳情などの目的で派遣されますが、議会、議長ないし委員会が、議員の派遣を決定するのですから、派遣に伴う活動は議員の「職務」ということになります。議員が国内外に視察（出張）に出かける場合の交通費・日当として、費用弁償がなされます。議員は、どんなところに、何のために行って、経費はいくらぐらいかかっているか、その視察は実際に何に役立っているのか、これらについて、視察に出かけた議員だけでなく、その派遣を決定した議会、議長、委員会も、その説明責任を負っています。

◆事前学習と事後報告が大事

「百聞は一見に如かず」といいます。実際に自分の目で見て、実情を訊くことによって事実を知ることは貴重です。しかし、十分な下調べなしでは「一見」の効果は上がらないのです。調査・視察の旅行が観光旅行ではないかという批判を受けるようでは情けないのです。

議員の国内視察の準備または対応に当たるのは議会事務局の仕事となっています。出かける側と受け入れる側で、あらかじめやり取りが必要です。

ある市議会は、「地方議会をより活発化してゆくために、議会として議員を先進地へ派遣し、調

コラム　応召の費用弁償、日額支給の廃止

東京都議会では、条例に基づいて、都議会議員が職務のために出張したときは、順路によりその費用を弁償する他に、都議会議員が招集に応じて会議、委員会（理事会を含む）または議案の審査又は議会の運営に関し協議又は調整を行うための場に出席したときは、費用弁償として一日につき、特別区または「島部」に住所を有する都議会議員には一万円を、それ以外の都議会議員には一万二千円支給していました。都庁のある新宿区の内か近くの区に住んでいる都議会議員が通勤費に一万円もかかるはずはありませんから費用弁償額と実費支出の差額は議員の懐に入っていたことになります。例えば九月に本会議と委員会で計五回の応召があると五万円が直接議員に手渡され、費用弁償は非課税の扱いとなっているため、交通費以外はまるまる「実利」になっていたわけです。その分は報酬の二重取りに見えたのです。東京都議会は二〇一八（平成三〇）年、条例を改正して、議会に出席するたびに一律支給される費用弁償を廃止しました（島しょ部の議員には特例で支給）。

査・研究を行っています。当市も他市からの行政視察を受け入れています」と発信しています。用意されている視察依頼概要書には、申込者、担当者、希望日時、団体名および人数、視察内容（内容は詳細に）、視察を希望する施設等、その他要望等、交通手段などが記入されることになっています。

何を知りたいのか、何を見て、誰に何を訊きたいのかが具体的に書かれていなければ十分な対応ができません。出かける側としては、視察前の準備が十分でなければ視察の効果も上がらないし、その活用も心もとないことになるのです。

例えば、委員派遣の場合なら、視察の課題を検討し、その中から日程に合うだけの事業をいくつか選び、そのそれぞれの事業の候補地としていくつか挙げ、その中から最適な目的地を決定すべきです。最初から「あそこへ行きたい」というような議論が先行する場合は観光目的であると疑われかねません。出発前に視察地と視察先の事業・施設等について勉強会を開いて、おおよその見当をつけ、視察先では自分で必ずメモも取る、視察後は参加議員それぞれが視察報告書を委員長に提出し、それを委員長と議会事務局がまとめて委員会としての視察報告書を本議会で報告し、議会だよりにもその報告書を掲載して住民に広報する必要があります。

◆批判の多い海外視察

最近では、公費による海外視察を凍結・自粛し、あるいは廃止する議会がみられます。もちろん、一切、海外視察が不要であるというわけではないでしょう。問題は、目的、企画、内容、参加議員の行動実態等から判断して費用弁償に値するかどうかです。

海外視察は、普通は議会事務局では準備が難しいため旅行代理店に企画を依頼しています。旅行代理店は、遺跡・名所・美術館・サッカー観戦・文化商業施設等の見学を企画に盛り込むことには慣れています。

海外視察の場合、どういう関心ないし問題意識から視察先の何を見たいのか、誰に会いたいのか事前に検討し、事前のアポイントメントをとっておかなければなりません。そのためには、視察先の国と現地と事業・施設に関して詳しい専門家を招いて事前に勉強する必要があります。スケジュールやアポイントメントについても助言を受けることが有益です。視察先で、もっぱら質問するのではなく、日本の実情や自分たちの考え方を述べて、議論をするぐらいの用意が必要です。実のある海外視察は、「視察」に名を借りた観光旅行の安直さとは無縁です。相当に気骨が折れ、その大変さを知れば調査視察旅行を躊躇したくなるほうが自然です。

国内視察と比べ、海外視察の結果を自治体の施策に活用することは難しいのです。国内視察の場合でも、他の自治体での取り組みは独自の理由・事情に基づいており、参考にするといってもそう簡単ではありません。それでも、制度的な「壁」をどう乗り越えたか、どんな発想や考え方で施策を企画立案したか、実施上の困難をどう切り抜けたかなどにヒントを得ることはできるでしょう。しかし、海外視察の場合は、地方自治の法制度の違いをはじめ、自治体運営の実態を理解することは容易ではないのです。一日程度の現地視察で、その成果を活用することは至難に近いといってよいのです。

第4章　政務活動費をいかに適正に使うか

◈不正使用の露見

自治体の公費支給のうち政務活動費ほど負のイメージが付きまとっているものはないのではないかと思います。全国で公になった不正の手口は、私用のガソリン代などに充てていたとか家族を伴った出張旅費に使っていたといった公私混同のケースから、支払額を書き換える水増し請求、別の購入品にするすり替え請求、調査名目の架空領収書、領収書を偽造する架空請求、会計資料の偽装工作による着服、必要性に欠ける会派議員団の宿泊研修に至るまで、あきれてしまうほどの不適正利用が起こっています。不正が露見し、全額を返還した上で議員辞職に追い込まれたケースもあります。議員の理解不足から不適切な支出を指摘され、後に修正するなど、運用上の問題も指摘されています。

政務活動費の使途は、各議会で、その手引に細かく定められています。各種研修の参加費、調査研究費、広聴広報費、書籍などの資料費などには使用可能ですが、政党活動、選挙活動、後援会活動、慶弔餞別《せんべつ》、飲食を主目的とする会合などには使えません。議員は一年分の収支報告書を提出し、議会事務局がチェック、修正した後、閲覧可能な状態で公開されます。それでも、不祥事が後を絶たないのです。どうも制度自体に欠陥があるのではないかと言いたくもなります。

4 1　「政務調査費」から「政務活動費」への改称

二〇一二（平成二四）年八月二九日に自治法の一部を改正する法律が成立しましたが、自治体議会については、条例により定例会・臨時会の区分を設けず通年の会期とすることができることや本会議においても公聴会の開催、参考人の招致をすることができることなど改革も盛り込まれていました。この自治法改正案はいわゆる閣法でしたが、世間的には唐突に議員修正により追加されたものがあったのです。それが政務調査費に関する改正案でした。

◆議員立法で

その内容は、政務調査費の名称を「政務活動費」に改め、交付目的を「議員の調査研究その他の活動に資するため」に変更し、政務活動費を充てることができる経費の範囲を条例で定めることとし、議長は、政務活動費については、その使途の透明性の確保に努めることとするものでした。全国都道府県議会議長会などが働きかけ、民主党・自民党・公明党・「国民の生活が第一」に所属する六名の議員が、突如、地方自治法の改正案に対する修正案として共同提出したのでした。

改正前の自治法一〇〇条一四項では、「普通地方公共団体は、条例の定めるところにより、その議会の議員の調査研究に資するため必要な経費の一部として、その議会における会派又は議員に対し、政務調査費を交付することができる。」となっていました。この規定は二〇〇〇（平成一二）年に議員立法による自治法改正で新設され、多くの自治体が条例を定めて運用していました。

その使途に関して住民から批判が絶えない一方で、議員の間には、「調査」に関わらせていることが使途を窮屈にしているという不満が少なくなかったといいます。地方議会議長会三団体からは、この政務調査費については、①支出と調査研究活動の厳格な関連性が要求され、政務調査活動が自己抑制的になる傾向がある、②住民への議員活動の成果の報告が政務調査費の対象となるかが微妙である、との理由から、「現行地方自治法上、調査研究活動に特化されている政務調査費制度を見直し、幅広い議員活動等に充てることができることを明確にするよう法改正を行うこと」という要望が自民党等に寄せられていました。

そこで、「政務調査費」を「政務活動費」に改称し、交付の目的について一〇〇条一四項に「その他の活動」の六文字を付加して「議員の調査研究その他の活動に資するため」とする改正が行われたのです。

「議員の調査研究その他の活動に資する」ことになりましたから、使途が拡大し、例えば国などへの陳情活動や住民からの相談にかかわる交通費などが認められることとなりました。都道府県議会では、「会派及び議員が実施する調査研究、研修、広聴広報、要請陳情、住民相談、各種会議への参加等、県政の課題及び県民の意思を把握し、県政に反映させる活動その他の住民福祉の増進を図るために必要な活動に要する経費」であるとし、当然ながら、「政務活動費の支出に係る領収書その他の支出の事実を証する書類又はその写しを併せて議長に提出しなければならない」としています（都道府県議会議長会二〇一二（平成二四）年一一月二日役員会決定）。

もちろん、二〇一二（平成二四）年改正によって、政党活動や後援会活動などの、いわゆる政治活動に自由に使えるお金を支給できることになったのではありません。「政務活動費」に充てることができる経費の範囲は条例で定めなければならず、改めて「政務活動」とは何かを明確にしなければ、到底、住民の理解と支持を得られるはずはないのです。

4-2 政務調査費の導入経緯

自治法一〇〇条に一四項が新設され、議員又は会派が、その政務調査活動に要する経費の一部を補助金の交付を受けられることになったのには、次のような経緯がありました。

◆国会議員の立法事務費◆

きっかけは、一九五三（昭和二八）年施行の「国会における各会派に対する立法事務費の交付に関する法律」でした。国会議員の「立法事務費」は、その名称のとおり、議員の立法活動への助成です。この法律の一条は「国会が国の唯一の立法機関たる性質にかんがみ、国会議員の立法に関する調査研究の推進に資するため必要な経費の一部として、各議院における各会派（ここにいう会派には、政治資金規正法……の規定による届出のあった政治団体で議院におけるその所属議員が一人の場合を含む。以下同じ。）に対し、立法事務費を交付する。」と規定しています。第二項で、わざわざ「前項の立法事務費は、議員に対しては交付しないものとする。」としています。

立法事務費は毎月交付です。会派の認定は、各議院の議院運営委員会の議決によって決定されます。「立法事務費」は各議院内の会派の立法活動に関する調査研究に対する助成が目的で非課税扱いです。

「公益上必要ある場合の補助」として出発

この立法事務費を見て「国会議員に出るなら地方議員もほしい」と都道府県の議員が考えただろうことは容易に想像できます。しかし、その際、国会議員の立法に照応する自治体の議員の「立法（条例の企画・立案）」を想定したとは考えられません。しかも、当時、自治体議員「個人」に対しても「法律又はこれに基づく条例に基づかずには」公費支給ができないことになっていました。自治法には国会の立法事務費の交付に当たるような条文も条例への委任もなかったからです。

そこで考えついたのは、立法事務費と同様に「会派」を対象とし、自治法二三二条の二の「公益上必要がある場合」の補助として公費を支給してもらおうということだったのです。この補助金支給が「調査研究費」として都道府県から政令指定都市、そして一般市へと徐々に広がっていったのです。国会議員の場合は、立法事務費とは文字通り法案をつくるための経費であって使途が限定されています。しかし、当時、地方議会の議員の間に議会で条例の企画・立案をしようという発想はほとんどありませんでしたから、議員が視察や研修などをした場合にかかった費用の一部を調査研究費として会派に支給しようということになりました。そもそもから趣旨のはっきりしない公費支給だったのです。

隠れ報酬の批判

問題はどこにあったのか。「公益上必要がある場合」の補助を出すかどうかの権限は首長にあります。県政調査研究費あるいは市政調査研究費を補助金で出すと、交付の条件や方法は首長が要綱で決めることになります。それゆえ、予算の組み方、支出の形式では議会費の中でなく総務費の中に入っていたのです。

その使途に関して厳密な基準を設け、領収書の添付や、視察の報告書を求めることを徹底すれば、執行機関の監視機能を果たす議会の活動へ干渉しているのではないかといわれかねなかったのです。そこで公費支出でありながら、内容・使途については実際にはノーチェック同然になってしまったといえます。

議員個人へは違法だが、会派へは違法でないという理由で補助交付金の一形態として支給しているところが多かったのですが、「公益上の必要」をどう規定するのかが定かでないため、住民からは「隠れ報酬」「第二報酬」「ヤミ手当」「別財布」などの批判を受けることになりました。

もちろん、この調査研究費は会派に対するもので個々の議員のポケットマネーとして「山分け」することは許されないとされていました。調査費は議会内の各会派へ、毎月、所属議員数に応じて交付され、首長が予算の範囲内で算定した額とされていました。交付対象は会派に限られていましたが、所属議員が一人の会派や無所属議員の場合も会派届けを出せば交付を受けられる扱いになっていました。

支払ってはいけない項目としては慶弔費、餞別などの儀礼的な経費、政党活動費、酒を伴う飲食費などでした。調査費で画集や歴史のビデオを購入したため「公費の個人的な流用」と問題化したケースもありました。使途については決算書が当該年度終了後に議長を経由して首長に提出され、関係書類は保存されているといわれていましたが、領収書の添付がないのが一般的だったのです。

法的な位置付けの要望

一九九〇年代の中頃から各地のいわゆる市民オンブズマン等がこの調査交付金に関する情報公開を求める運動を展開しました。この補助金の交付の根拠や運用がバラバラで、しかも公開対象外にしているところもあるなど使途が不透明であることが明るみに出て、廃止の要求や訴訟が起こりました。

地方議会議長会三団体は、自治法で会派を明記し世間的にも堂々と使えるようにしてほしいと国に要請しました。一九九九（平成一一）年一〇月、全国都道府県議会議長会は、「都道府県政調査交付金の法的な位置付けを明確にするとともに、条例で議員活動に要する経費を支給できるよう」自治法の改正を求めると決議し要望しています。それまでの補助金の法的な追認を求めるものであったといえます。

この法制化運動の中で、全国都道府県議会議長会は、自治法上、会派への支給を明確にし、それが定着したあと、次の段階で議員個人への支給を法改正する二段階方式を提案していました。当時の自治省は会派を対象にするなら議員立法に反対しないとの態度であったといいます。こうして自治法が改正され、条例に基づいて政務調査費を支給できる措置がとられることになったのです。

自治法一〇〇条一四項の新設

自治法一〇〇条の中に一四項を新設し、「普通地方公共団体は、条例の定めるところにより、その議会の議員の調査研究に資するため必要な経費の一部として、その議会における会派又は議員に対し、政務調査費を交付することができる」こととなりました。

この改正は議員立法でした。二〇〇〇（平成一二）年五月一八日の衆議院地方行政委員会における委員長起草案の提案理由説明では「地方議会の活性化を図るためには、その審議能力を強化していくことが必要不可欠であり、議員の調査活動基盤の充実を図る観点から、議会における会派等に対する調査研究費等の助成を制度化し、併せて、情報公開を促進する観点から、その使途の透明性を確保することが重要になっております」とされていました*。

＊　全国都道府県議会議長会事務局『地方自治法（議会関係）の変遷に関する調』（二〇〇〇（平成一四）年一〇月、四三九頁）。二〇〇〇（平成一二）年五月の自治法改正に伴い、自治体において新たに条例を制定する必要があることを踏まえ、二〇〇一（平成一三）年四月一日施行とされた。

自治体議員側からの要請を受けて国会議員から会派だけでなく議員も対象とするようにとの発言があり、支給対象は会派または議員となりました。実際に、政務調査費が条例化されたときは、会派を対象とするものが多かったのです。会派への支給を法的に認知させることが運動の目的だったからです。しかし、会派単位で政策研究に取り組むときを別にすれば、各議員の活動の方がキメ細かく広範囲に及びうるため会派だけを対象にするには無理があったともいえます。

これに伴い、地方交付税の上でも、道府県分について政務調査費の措置が講じられました。標準団体（人口一七〇万人、議員数五三人）の歳出の議会費における「負担金、補助金及び交付金」という経費区分の中で措置されていました。二〇〇一（平成一三）年度は議員一人月約二三・九万円、年額約二八六・八万円の積算額でした。

政務調査費の交付を受けた会派または議員は、当該政務調査費に係る収支報告書を議長に提出するものとされていましたが、これは、情報公開を促進する観点から、その使途の透明性を確保するためのものであり、当該報告書を情報公開や閲覧の対象とするなど、一応は、住民への説明責任を果たしていくべきものとなってはいました。使える経費は、調査委託費、研修費、会場費、資料作成費、資料購入費、広報費、事務所費、事務費、調査研究を補助する者への人件費などで、非課税扱いですが、余った場合は年度末に返還義務がありました。

都道府県における政務調査費の交付状況（二〇〇六（平成一八）年四月一日現在、都道府県議会議長会調べ）は、議員一人当たり月額は、最高が東京の六〇万円、最低が徳島の二五万円であり、相当の開きがありました。収支報告書の閲覧規定がないところが五県、収支報告書への領収書等の添付規定がない都府県がなんと三六に及んでいました。政務調査費の使途と領収書を明確にし、これが会派・議員と議会の活動にいかに有効に役立っているかを説明しなければ住民の理解はなかなか得られない状況だったのです。

4-3 曖昧な「政務」

政務活動費をめぐる問題の本質は、「政務」の曖昧さにあると思います。法文上の規定は一〇〇条の議会調査にかかわらせながら、政務調査費という言い方に示されていたように、調査研究を「政務」にかかわらせています。呼称を政務活動費にかえても同じです。依然として、その「政務」とは何かが不明なのです。多くの自治体議員は、調査研究が「政務」に関するものであるという場合、その「政務」とは何のことだと考えているのでしょうか。

◆立法事務費とは似て非なるもの

「立法事務費」は「国会が国の唯一の立法機関たる性質にかんがみ、国会議員の立法に関する調査研究の推進に資するため」であり、「政務活動費」は「その議会の議員の調査研究その他の活動に資するため」です。自治体議会の議員の「調査研究」が「立法」（条例などの議案作成）に関するものであるかどうかは明示されていません。それは、おそらく、議会が議案の企画・立案作業にはあまりかかわらないことを暗に想定しているからとしか思えません。

自治法の一〇〇条の中の規定であることから考えますと、当該自治体の事務に関する調査（監視機能）が想定されており、明示的には議案の調査・企画・立案（立法＝政策形成機能）にかかわらせてはいないのです。つまり、「立法事務費」と「政務調査費」は似て非なるものであり、自治法の趣旨は立法機関としての議会の充実強化を図ろうとしているとは考えにくいのです。

◆他でも使われている「政務」

国の場合、「政務」といえば、かつての政務次官、現在の副大臣の仕事で、大臣の命を受け「政策及び企画をつかさどり、政務を処理する」とされています。ここでの政務とは、政策に関与し国会との連絡交渉に当たることを意味しています。この意味で政務は、単に事務に関する調査研究ではなく、政策の立案・企画にかかわる調査研究であるといえます。「政務を処理し」とある「政務」は政治マター（利害対立・係争・トラブルへの対処・調整問題）の処理活動であるといえます。

自治体の首長同士が、共通の課題に関し、意見交換をし、国会議員、省庁、政党などに要請活動を行うことを「政務活動」といっています。政務活動は自治体議員に限られてはいないのです。

いったい、自治体議員の行う政務活動とは何なのか。自治法で政務活動費の規定が議会の調査にかかわらせているということは、政策形成機能というより、首長等の事務執行をめぐって、不透明なこと、不適切なこと、住民との関係で問題が発生していることなどの調査機能であることを窺がわせます。したがって、自治体議会の会派ないし議員が政務調査費を受給しているからといって、それで政策形成機能を果たせという趣旨とは理解しにくいのです。そうだとすると、政務調査費の使途は、さらに不明確となるのです。

一応、政務活動費は、議案の審査や政策提言等に要する調査研究が主な使途だと解することはできますが、住民との意見交換会など民意の把握・吸収のための活動に要する経費のすべてに充てられることとはされていません。また、法的には収支報告の提出しか義務付けられていないことから、多くの議会では、会派や議員の政治活動の自由を保障する観点から支出の明細を記した領収書の添付・提出は必要としないという取り扱いをしていました。そこで、この使途をめぐる住民監査請求や住民訴訟が起こされ、政務調査費のあり方が政治争点化したのです。ずさんな、あるいは不透明な使途が、マスコミが好んで取り上げるテーマにもなりました。

4 政務活動費をどう考えるか

◈政務活動費と会派

会派という言葉は、現行の自治法上は、その一〇〇条一四項において政務活動費の交付対象の一つとして出ているだけです。一四項は「普通地方公共団体は、条例の定めるところにより、その議会の議員の調査研究その他の活動に資するため必要な経費の一部として、その議会における会派又は議員に対し、政務活動費を交付することができる。この場合において、当該政務活動費の交付の対象、額及び交付の方法並びに当該政務活動費を充てることができる経費の範囲は、条例で定めなければならない。」と規定しています。

政務活動費は、議会における会派または議員に対して支給できることになっていますが、支給している自治体では、議員は政務活動費の交付先として会派の届出をします。その結果として、議員は会派所属のメンバーとしても活動することになります。

会派と政務活動費との関係については、①会派制は導入せずに政務活動費を支給している自治体、②会派制を導入しているが政務活動費は支給していない自治体、③会派制をとり政務活動費を支給している自治体、④会派制をとらず政務活動費も支給していない自治体の四通りに分かれます。このうち、②の政務活動費は支給していないのに会派を設置している自治体は、議会運営上、会派が必要であると考えているといえます。

廃止論

政務活動費は、議員報酬と異なり、「交付することができる」というように、支給もその額も任意となっています。したがって、支給するのであれば、その理由を住民に十分説明できなければならないのです。

おそらく、政務活動費の使途については世間の厳しい目を意識して、どこの議会も、より厳正に運用をしようとしているといえます。しかし、政務活動費支出の領収書を添付・公開しても、その活動が何に役立っているのかと住民から問われて十分に説明できるものでしょうか。

この際、政務活動費を議員報酬に組み込むことによって政務活動費を廃止してしまうことが考えられます。その議員報酬を何に使おうが議員の自由になりますし、領収書も要りません。ただし、この案は、報酬に組み込めば、報酬改定の際に確実に加算される保証はなく、むしろ、現実には単なる廃止になってしまうという反発が起こりえます。すでに政務活動費が既得権益視されているため報酬組み込み論はなかなか認められないでしょう。しかも、この案は、廃止する政務活動費を議員報酬へ付け替えて議員報酬の引き上げになりますから、住民の理解を得られにくいといえます。*

＊　このような例を検討した拙稿「政務活動費と議員報酬―「千代田区特別職報酬等審議会」の答申」（『議員NAVI』二〇一六（平成二八）年二月二五日号）を参照されたい。

◈政務活動費の廃止――泉南市の例

それならば、思い切って政務活動費に関する条例を廃止してしまうことも考えられます。実際に廃止した自治体議会があるのです。大阪府泉南市議会の例です

泉南市は、大阪府の南部に位置し、人口約六万五千人、市議会は、定数一八人、会派制を採用し、政務活動費を支給していました。市議会は、二〇一六（平成二八）年七月一三日、議員提出議案の「泉南市議会政務活動費の交付に関する条例及び泉南市議会政務活動費の交付に関する条例の臨時特例に関する条例を廃止する条例」を全会一致で可決しました。二〇一六（平成二八）年八月分より政務活動費は廃止されることとなったのです。政務活動費を廃止したケースは珍しいです。後絶たぬ政務活動費の不正使用が報道される中で、政務活動費自体を廃止するという思い切った決定を行ったケースです。これは、いわば既得権益の放棄といえます。

政務活動費については、泉南市議会政務活動費の交付に関する条例に基づき、市議会議員に対し、一ヶ月あたり五万円が交付されていました。これを、臨時特例に関する条例を設けて、二〇一三（平

成二五）年七月一日から二〇一六（平成二八）年七月三一日までの間、政務活動費を四〇％減額し、一ヶ月あたり三万円としていたのです。それを廃止しました。

廃止理由は、①条例や法によって、あるいは制度で規制されたものを、政務活動費と称して費用を支弁されていることが議員活動そのものに規制を加えることになり、議員の自主的活動の中で、自律的な政策提言を行うことのほうが、より柔軟な政治活動を行えるのではないかと考えること、②政務活動費の支給などを受けずに、議員が、その自主的活動の中で、自律的な政策提言を行うことのほうが、より柔軟な政治活動を行えるのではないかと考えること、③議会議員は、個々の自己責任で自由に議員活動を行うべきであり、政務活動費の交付によって、その活動に制限が及ぶことがないよう、現下の社会情勢等も勘案し、条例廃止を提案するということでした。

①では、「政務活動費と称して費用を支弁されていること」が議員活動そのものへの規制であると考えられています。政務活動費は、政務活動という議員活動を費用面で支援するためのものであって、それを制限するものではありません。制限と受け取られているのは、政務活動費が使途を決めずに使えるようにはなっていないからだと暗に示唆しているようにも見えます。自治法、条例、規則、運用上の了解事項などは、政務活動費の目的や使途に関する一定のルールですから、公費を使う限り、そのルールを遵守するのは当然です。政務活動が議員活動の一部であることは確かですが、そのための費用を支弁されていることが「議員活動そのものに規制を加える」ことになっていると理解することに問題がないとはいえません。政務活動費は、公費支給ではありますが、議員報酬と違って使途が限

定されています。もし、政務活動費を、議員活動そのものを規制しないで使えるようにしようとすれば、それは議員活動なら何にでも使える公金支給ということになってしまいます。

②については、政務活動費を使いながら「自律的な政策提言を行うこと」は可能でありますし、そうした例はあります。また、政務活動費の支給などを受けないほうが「より柔軟な政治活動」を行えるかどうかは、政治活動の意味合いによっています。少なくとも、政務活動費の使途の中には政党活動や選挙活動といった政治活動の経費は含まれてはいません。それは、個々の議員の経費調達能力の問題であって、政務活動費の存否とは関係がないのではないでしょうか。

③については、これは、なかなか見上げた物言いだと思います。この自己責任には、自由な議員活動に必要な経費は自分で工面することも含まれていますから、公金に頼らない自立の精神を見て取れます。ただし、「政務活動費の交付によって、その活動に制限が及ぶことがないよう」政務調査費を廃止するのだといっている点は疑問なしとしません。繰り返せば、政務活動費の交付は政務という議員活動を制限するものではなく、それを支援するものであるからです。

ともあれ、泉南市議会は、全会一致で、上記の提案理由を認め、政務活動費の廃止に踏み切りました。それは、市議会の自己決定の帰結であり、政務活動費なしの議員活動が以前とどのような違いになるのか注目されるところです。

厳正運用論――兵庫県議会の例

泉南市とは異なり、政務活動費を廃止せず支給するというのであれば、不正支出が起こらないような仕組みを整備し、厳正に運用する以外にありません。この点で参考になるのは、例の「号泣県議」の不適切支出問題で全国に知られた兵庫県議会の対応ではないかと思います。

野々村県議の不適切支出が発覚したことを受けて、県議会は、全県会議員を対象にして二〇一一(平成二三)～二〇一三(平成二五)年度分の調査を行い、その結果を公表しました。調査の結果、約三割に当たる県会議員二四人と一会派の支出計約四九〇万円の使用を不適切と認定し、返還を求めました。県議会は、こうした事態に対処するため議会運営委員会に「政務活動費のあり方検討会」(六名の県議)を設置し、協議を行いました。その検討結果を踏まえ、二〇一四(平成二六)年九月定例会において、議会運営委員会提案の「兵庫県政務活動費の交付に関する条例の一部を改正する条例」を可決し、同時に議長は「兵庫県政務活動費の交付に関する規程の一部を改正する規程」を定めました。いずれも二〇一四(平成二六)年一〇月一日から施行されました。

兵庫県議会は、政務活動費の交付に関する条例を次のように変えました。

①　交付対象の変更

「県は、会派及び議員に対し、政務活動費を交付する。」を「県は、会派に対し、政務活動費を交付する。」と修正し、議員にも直接交付する従来のあり方を変えました。政務活動費の交付対象を会

コラム　「号泣県議」への判決

二〇一四年七月、野々村竜太郎兵庫県議会議員の政務活動費の不正支出が明るみに出ました。野々村議員は泣き叫びながら政務活動費の不正支出を否定しましたが、この異様な「号泣会見」は世間を驚かせました。結局、同年七月付で県議を辞職し、二〇一一（平成二三）年度以降に受けとった政務活動費計一、八三四万円および遅延利息約八九万円を返還しました。

県議会は各会派代表の連名で野々村議員を虚偽公文書作成・同行使罪で兵庫県警に告発しました。その後の捜査で年一九七回におよぶ日帰りのカラ出張、「切手代」の名目で金券を購入して私的に使用、クレジットカードの利用明細の偽造などを行っていたことが明らかとなりました。二〇一五（平成二七）年一月、県警は野々村元議員を詐欺および虚偽公文書作成・同行使容疑で神戸地方検察庁（神戸地検）へ書類送検しました。二〇一五年八月一八日、神戸地検は、二〇一一（平成二三）～二〇一三年度に受け取った政務活動費一、六八四万円のうち計九一三万二、〇五〇円をだまし取った詐欺等の容疑で在宅起訴しました。

二〇一六（平成二八）年七月六日、神戸地裁は懲役三年、執行猶予四年（求刑・懲役三年）の有罪判決を言い渡しました。判決は、収支報告書に記載された出張は虚偽であり、金銭欲からの犯行で刑事責任は重いと指摘する一方、詐取した政務活動費を全額返済していることや、議員辞職するなどすでに社会的制裁を受けているなどとし、刑の猶予が相当としました。検察側、弁護側とも控訴せず、刑は確定しました。

派のみとし、議員に対する政務活動費は、会派から精算払で交付することとしました。これは、政務活動費の使用に関し会派所属の議員の指揮監督を会派の責務とする主旨です。

②　会派及び議員の責務

「会派及び議員の責務」を新設し、「会派及び議員は、政務活動費が議員の責務及び役割の遂行に必要な調査研究その他の活動に資するために交付されるものであることを踏まえ、当該交付の目的に沿って適正に政務活動費を使用するとともに、その使途を明確にすることにより県民に対する説明責任を果たさなければならない。２　会派は、政務活動費の適正な使用を確保するため、その使用について当該会派に所属する議員を指導監督しなければならない。」としました。

③　議長の責務と権限

「議長の責務」を新設し、「議長……は、政務活動費制度の適正な運用を期するとともに、その使途の透明性の確保に努めるものとする。」としました。これは新設の「議長の調査」及び議会事務局の役割増大と関係しています。

④　議長の調査、是正勧告及び命令

収支報告書に関し、議長は、政務活動費の適正な使用を確保するため必要に応じてその内容の調査を行い、調査の結果、必要があると認めるときは、会派に対し収支報告書の内容の是正を勧告することができ、勧告を受けた会派が、正当な理由なく当該勧告に応じない場合には、議長は、当該会派に対し相当の期間を定めて収支報告書の内容の是正を命ずることができることとしています。

議長は、是正の命令をしようとするときは、あらかじめ、「兵庫県議会政務活動費調査等協議会」の意見を聴くとともに、当該命令を行おうとする会派に対し、十分な弁明の機会を与え、命令を行ったときは、その内容を公表し、命令を受けた会派が、当該命令で定めた期間を経過してもなお収支報告書の是正を行わない場合は、当該収支報告書は、当該命令の内容に従って修正されたものと見なすとしています。

政務活動費の適正な使用の確保に関しては、議長の責務と権限が相当に拡張されています。議長職の重みが増したといえると思います。

⑤ 兵庫県議会政務活動費調査等協議会の設置

政務活動費の適正な使用に関する事項を調査審議するため、議会に兵庫県議会政務活動費調査等協議会（委員三人以内で組織し、委員は学識経験を有する者のうちから議長が委嘱）を置くことになりました。協議事項は、議長の諮問に応じ、収支報告書の是正命令に係る意見に関すること、政務活動費の適正な使用に関することです。協議会は、二〇一四（平成二六）年一一月の第一回会合で、①海外視察調査の実施基準について、②親族雇用の制限について、③グリーン車使用の可否について諮問がなされ、二〇一五（平成二七）年三月に答申を行いました。主な点は、①事務所職員として雇用する二親等以内の親族、生計同一者の給与に政務活動費の充当は認めないこと、②海外視察は事前の計画書と視察後の報告書を議長に提出し、議会ホームページで公表すること、③グリーン車利用への政務活動費の充当は制限しないが、利用実績を明記した報告書を議会ホームページで公表するというものでした。

このうち①は、公私の区別をつけるという意味で重要な答申内容でした。従来は事務所職員などの親族雇用に政務活動費からの給与支給が可能とされていましたが、答申は「親族でなければ政務活動を行えない合理的な理由がない」と判断し、配偶者や祖父母、兄弟姉妹、孫ら二親等以内の親族（生計同一者）を雇用した場合、給与への政務活動費充当は認めないとしたのです。議会は、答申にそって三点の見直しを行っています。

⑥　事務局体制の整備

従来、政務活動費の事務は、議会事務局の総務課経理班が他の事務と同時に処理していました。条例改正によって、すべての支出について活動報告書の提出を議員に義務付け、事務局への提出書類が増えるため、組織態勢を強化する必要がありました。そこで、二〇一五（平成二七）年一月一日付で、政務活動費の収支報告書のチェックなどを行う専任部署として「審査室」が新設されました。「協議会」が設置されたことに伴い、議会事務局に、総務課、議事課、調査課、図書室の他に、兵庫県議会政務活動費調査等協議会事務局が新設され、そこに、審査室が置かれ、政務活動費の審査に関することを担当する審査班と政務活動費の企画調査に関することを担当する企画調査班が置かれることになりました。

県議会は、二〇一五（平成二七）年六月には、「政務活動費の手引き」の解釈がまちまちとなるおそれがある事項等について、さらに見直しを図り所要の改訂を行っています。その一環として、二〇一五年度に議員に支給した政務活動費の収支報告書の公表分から領収書も県議会のホームページで公開しています。

政務活動費を政策形成活動に資するように

政務活動費は、議員が行う「調査研究その他の活動」に資する、つまり支援するためのものですが、それに必要な経費のすべてではなく「一部」を支援するものです。必要な経費がどのくらいかかるかは各議員の事情と熱心さによって違ってきますし、議員活動の経費をどのように賄うかは各議員の才覚によっているといえます。むしろ、政務活動費をいかに有効かつ適正に活用するかが大事です。

あえて「政務」の意味を再解釈して、「議会が当該自治体の議事機関であることかんがみ、議会会派の政策形成に関する調査研究の推進に資するため」と規定し直し、一定の使途を決めた上で、領収書の提出や活動報告ないし成果報告の義務を会派に課すという案はどうでしょうか。

本書第一章で述べましたように、自治体議員とは「立法関係の仕事」に従事し、その仕事の対価として報酬を得ている職業」といいうるならば、その「立法関係の仕事」の重要な要素として、政務活動費における「政務」の意味を、議会会派による政策の立案・提言の機能に引き寄せて解釈し、その機能が適正に発揮される方向へ政務調査費の使途を転換することにしてはどうであろうかという提案です。使途の拡大ではなく質の充実強化が必要ではないでしょうか。まずは、自治法における政務活動費の規定を一〇〇条から他の箇所へ移すことを検討してはどうでしょうか。

その際、会派活動と政党活動の重複をどのように考えるかが問題になります。基本は、できるだけ区別することですが、難しい状態も想定できます。その場合は、例えば、会派が政務活動費から事務所の人件費や応接用ソファ購入代、車のリース代などを支出する場合、政務活動と個人の政治活動や政党活動などの割合が判然としないことが考えられますから、それぞれの代金の半分を超えない額の支出を認めるといった規定にすることも考えられるのではないでしょうか。もちろん公費の支給ですから、何に使ったかが判る領収書の添付・提出は義務付けるべきです。

なお、前章で検討しました政務活動費を使って海外視察旅行を行っている会派・議員がいますが、その適否と効果をきちんと説明できなければ、単なる観光旅行ではないかという批判を免れません。

第5章　議員は何人いればよいのか

ある自治体の議会を何人の議員で構成するか、それはなぜか。この定数問題は議会構成の基本問題の一つです。

5-1 議員数が多いという見方

日本の自治体――直接公選職の少なさ

議員定数を検討するに当たって、従来、見過ごされてきた、あるいは軽視されてきた視点があるように思われます。日本の自治体議会の議員数については、しばしば、アメリカの自治体議会の議員数と比較して多すぎるのではないかという批判が行われてきました。

例えば、アメリカの市議会は通常、議員数は五、六人、大都市でも一〇人前後で、人口約七二〇万人のサンフランシスコ市議会の議員数は一一人であることなどが引き合いに出されます。しかし、そこでは、市長や議員のほか、教育委員(学校区の理事)、市の財務局長、法務局長、総務局長、郡警察署長、地域公立短大理事、広域大気汚染監視委員、都市地下鉄事業体理事など多様な役職者が選挙で選ばれているのです。アメリカの自治体では、消防、上水道、土壌保全、高速道路の建設・維持、公園やレクリエーション施設の建設・運営、図書館・病院の設置、ごみ収集・処理などで「特別区」(special district)が設置され、その理事が公選されていることで知られています。公選職がたくさんいるのです。

これに対して、日本では、直接公選職は首長と議会議員のみで（かつて教育委員が選挙で選ばれていましたが、廃止になっています）、アメリカの自治体における公選職は、選挙を通じた住民統制に服さない執行機関の一部になっています。自治体の意思決定における民主的な代表制を確保するという観点も入れて、議員数の多寡や議員の役割を論ずるべきではないでしょうか。

◆定数削減――人件費減らしの議会版◆

住民の間やマスコミの一部には、議員の数が多いのではないか、もっと減らすべきではないかという見方が根強いのです。これが、議員定数の削減という風圧になって議会を悩ませ続けています。議員の中には、やや自嘲気味に、「議員定数の下限を設けられないものか」と嘆く人もいるほどです。これ以上減らしてはならない議員数というものはないものかという問いかけです。下限を設けなければ、削減を求める住民の声に抗しがたいという心情の吐露ともいえましょうか。

どうしてそういう羽目に陥ったかといえば、やや厳しくいえば、なし崩し的に定数を減らしてきたからです。それは、主として議員の頭数を減らせば議員報酬等の公費支給が減額できるという観点からの減数であり、地方行革の議会版といってよいと思います。数人減らしても、議会としては、特に支障がなく、困らないということならば、「もう一声」とさらなる削減に追い込まれるのです。

この見方とも関連し、議員に支払われる報酬（年額の報酬と期末手当）の総額との関係で、人数を多くすれば報酬を下げ、人数を少なくすれば報酬を上げてはどうかという考え方があります。財政難に苦慮している自治体では、報酬の総額管理という観点も考慮事項になっています。しかし、議員報酬の総額といっても、議員報酬を含む議会費を当該自治体の予算の何％にするのが適切であるのかを決めることはむずかしいのです。法定上限を基準にして条例で規定した定数を基に計算し、それを類似団体と比較することはできますが、そもそも議員に支払われる報酬自体のあり方を問うことはできません。

また、人数を多くして報酬を下げた場合の議会と、人数を少なくして報酬を引き上げた場合の議会とでは、その活動にどのように違いが出てくるのかも検討されなければならないのです。さらに、この考え方では定数も報酬も少なくすべきだという意見に対処することがむずかしい。結局、報酬の総額管理論では、議員定数の削減に歯止めをかけられないといわざるをえません。

議員定数を増やして、その代わり議員報酬を廃止し実費弁償にするとか、議員定数を減らし専業職にして生活給を保障するといった議論もありますが、定数の多少と報酬の高低を結びつける発想は、そもそも自治体議会議員の身分（公選職）と職務をどう考えるかという点を十分に考慮していないように思われます。兼業か専業か、非常勤か常勤かといった二分法的な発想で議員を捉えること自体に問題があるのではないでしょうか。

定数削減と現職議員の思惑

どこの自治体でも、現在は、それぞれの条例によって議員定数を定めています。それにはそれなりの経緯があり、定数見直しともなれば、現職の議員の思惑（次の選挙での自分の当落）も交錯しますから、言うほど簡単ではないのです。

実際には、議員のなり手がなく候補者数が条例定数にまで達せず無投票当選者が出るケースがあり、あるいはそうした事態を避けるため定員削減に踏み切るといったケースも見られます。また、減数条例の制定をめぐっては、議会内の党派的な戦術がからむ場合もあります。

一般に地元の支持が固いとか選挙資金の当てがあるとか、比較的選挙に強い議員たちの集団は、定数減を行っても一挙に半減させるというような案でなければ、次の一般選挙で落選の心配が少ないのです。これに対して、集票基盤が弱く選挙資金もない議員たちの集団では減数の中に自分たちが入り落選する不安が強まります。そこで、減数条例の審議ともなれば削減自体と削減数をめぐって紛糾しやすいのです。前者の集団が議会多数派で減数すれば、その結果は、そうした議員の固定が進み、新人の当選が難しくなる可能性が高まります。減数自体が党派的な策略として使われる場合もあるのです

平然と議員定数削減を主張する首長候補者

自治体の選挙でも、選挙公約を「マニフェスト」として掲げる首長候補者が増えましたが、従来あまりなかったような大胆な議員定数の削減を提案し、いわば議員の存在理由に正面から挑みかかるということが起きました。例えば、鹿児島県阿久根市の竹原信一市長（二〇〇八（平成二〇）年、市長に

当選）は一六人を六人へ大幅削減を提案し、名古屋市の河村たかし市長は、二〇一〇（平成二二）年当時、七五人（上限八八人）を三八人へ半減させることを提案し、山口県防府市の松浦正人市長は二七人を一三人に半減させる提案をし、大阪府の橋下徹知事は、二〇一〇年八月、府議会の一一二人を八八人へ大幅削減と、大阪市議会の八九人（上限九六人）を四五人へ半減提案（自らが代表の地域政党「大阪維新の会」を通じて）を行いました。いずれも、議員が多すぎるという判断に立っています。大幅削減とか半減とかいう提案はわかりやすく、議会・議員に対して漠然とした不満・批判・反感を抱いている住民の共感を呼んだ面は否定できませんでした。

人口約一二万人の防府市の二〇一〇（平成二二）年の市長選では、市議会の議員定数は人口一万人に一人の割合でよい、現員の二七人を半分の一三人にすると訴えた松浦氏が当選しました。議員定数は人口一万人に一人というのは一四人を削減するには都合がいいように見えますが、合理的な根拠があるとは思えません。もし、この割合が市議会議員定数を決める合理的な根拠だとすると、約三六七万の人口を擁する横浜市の議員定数は三六七人になるのでしょうか。現行は八六人ですから、二七一人も増やすことになるのです。そんなことは考えられません。横浜市は政令指定都市だから、人口一〇万人に一人にすればいいという言い訳が出てくるかもしれません。しかし、その割合も根拠薄弱です。

議員の定数削減は、住民から選ばれ、住民の代表として活動する議員と議会のあり方の根本にかかわる問題であるにもかかわらず、執行機関の長になる可能性のある候補者が、説得力のある根拠も示さず平気でバッシングの挙に出たのです。

大阪府の知事だった橋下徹氏は、二〇一一（平成二三）年五月、記者会見で、「鳥取県なんかだと六〇万人ぐらいの人口のところで四〇何人いるんですから、六人でいいんですよ、鳥取の県会議員なんて」と言及しました。橋下知事が挙げた数字の根拠は、地域政党「大阪維新の会」が府議会に提出した議員定数削減の条例案の考え方で、人口一〇万人当たり議員一人を基準にして、大阪府（人口八八〇万人）の議員定数を現行の一〇九人から八八人に削減するというものでした。

鳥取県の平井伸治知事は、「余計なお世話」と反論しました。鳥取県（人口約五八万人）の県議会は議員定数を段階的に削減して、四月の県議選では議員数を三八人から三五人にしていました。事実認識からして間違っていたのです。橋下知事は「議員の数が多いか少ないかは、意見を言わせてもらいます。おそらく、多くの国民は地方議員の数が多いって絶対思っていますよ」と言い募りましたが、おさまらない平井知事は「なぜ鳥取だけが矮小化した議論をされるのか得心がいきません。」と応酬しました。結局、橋下知事が「大阪から一方的に意見を述べてしまってすみませんでした。暴走した発言でした」と謝罪しました。

都道府県の議会の議員定数は「人口一〇万人当たり議員一人」という基準は、大阪府議会の議員定数を削減するには、わかりやすく都合のよいものであるように見えたかもしれませんが、いたって恣意的であることは明白です。この基準を人口約五八万人の鳥取県の議員定数に当てはめれば六人になります。自分のところに都合のいい基準を他のところに適用するのは、まったくの「余計なお世話」

です。

人口規模を基準にして議員数の多寡を論ずるのは適切ではないし、さしたる合理性がないのです。ちょっと考えてみても、根拠薄弱な議員定数削減案でしょう。それが、首長候補者の口から平然と出てきてきたことが看過できないのです。現行の数ほど議員は要らない、ムダだと考えられているからです。一体、議員の数は本当に多いのでしょうか。そもそも、議員の定数をどう考えればよいのでしょうか。

5-2 議員定数制度の変転

対人口比の議員定数

歴史的には、議員定数に関する法律の考え方は、議会というものは住民を代表する議員で構成されるのであるから、その定数は住民の数を基礎にして、つまり人口の規模に比例して然るべきだというものでした。しかも、議員の定数は自治法の基準によるのが原則であり、減員は「例外」であり、議員が減れば、それだけ住民意思を反映できなくなるし、執行機関の監視機能も低下するのだという見方も根強かったのです。実際は、上限定数を念頭に置いて、他の自治体議会の動きを見ながら、微調整するのが一般的で、その意味では一定数維持の慣性が働いていたといってよいのです。

しかし、なぜ都道府県の最小単位が四〇人で、市が三〇人で、町村が一二人であり、順次、一定の刻みで増やしていき、そして上限が設けられるのか、その理由ははっきりしていなかったのです。

法定定数制度から条例定数制度へ

議員定数は人口区分に応じて法定されていましたが、その下で、自治体の自発的意思によって条例により減員することができるとされ、実際に多くの自治体で減員が行われていました。

この法定定数制度が条例定数制度へ変わったのは二〇〇三（平成一五）年からです。地方分権改革に伴い、議員定数の定め方については、細かい人口区分ごとに基準を設定するよりも、より大括り化した人口区分ごとに基準を設定したほうが、自治体の自己決定・自己責任を高めうるという考え方で、自治法の改正が行われたのです。

その際、減数条例の制定状況を勘案して、新たな上限数が設定されました。その上限の範囲内で条例によって議員定数を定める、これを条例定数制度と呼んでいました。これには準備期間が必要であるため、施行は、二〇〇三（平成一五）年一月一日でした。一九九八（平成一〇）年一〇月一日現在の条例定数が自治法改正後の上限数を超えることになる市区町村は、市及び特別区で四八団体、町村で六一団体でした。

法定定数制度を条例定数制度に変え、自治体の自己決定に委ねるのであれば、むしろ上限数を法定する必要はないではないかという意見も出されました。これに関しては、国は一応次のように考えていたと思われます。

条例定数制度においても上限数が法律で定められ、上限という意味ではそれまでの法定定数と同じ効果を有する。しかし、法定定数は、減数条例が定められない限り「定数」であるのに対し、新たな上限数は定数を定めるに当たっての上限にすぎず、いかなる場合においても「定数」とはみなされない。この点で法定定数とは異なる。時節柄、定数増を図るという自治体はないであろうが、歴史的沿革も考え、かつ減数基調を変えないことを法律で表したのだと。

人口区分の大括り化へ

市議会議員の定数については、上限数の単位である人口区分が大括りにされ、それまで六七一団体（特別区を入れると六九四団体）で一八区分になっていたのを、自治法上の都市区分を参考にして一一区分に変更しました。人口五万、一五万、二〇万、三〇万、四〇万、五〇万を基準とし、その後は二〇万ごとに区分していたのを、五万（市制施行）、一〇万、二〇万（特例市）、三〇万（中核中）、五〇万（政令指定都市）を基準とし、その後は四〇万ごとに区分し直しました。

町村議会議員の定数については五区分と既に大括りになっていると考えられることから、これ以上の大括りは行わず、上限数を変更することとなりました。

表5―1にあるように、各号に掲げる市町村の区分に応じ、当該各号に定める数を超えない範囲内で定めなければならないとされました。二万以上五万未満の団体は二六人とされ、市区については人

口区分が上がるごとに四人ずつ、人口区分幅が大きい場合は八人ずつ増加し、町村については人口区分が下がるごとに四人ずつ減少することとなっています。

なお、人口五〇万以上の市については、指定都市の要件を満たすものであり、その事務量等を考慮して特に一〇人を増加させることとし、また、人口二千未満の町村については、議案提出要件等を「八分の一以上の賛成」から「一二分の一以上の賛成」に緩和したことも考慮して、それまでの法定数と同じ一二人としています。

表５－１　市町村議会の議員定数

各号	人口区分	上限数
1	2,000未満の町村	12
2	2,000以上5000未満の町村	14
3	5,000以上１万未満の町村	18
4	１万以上２万未満の町村	22
5	５万未満の市及び２万以上の町村	26
6	５万以上10万未満の市	30
7	10万以上20万未満の市	34
8	20万以上30万未満の市	38
9	30万以上50万未満の市	46
10	50万以上90万未満の市	56
11	90万以上の市（40万を増すごとに８人を56人に加えた数（その数が96人を超える場合にあっては96人）	64～96

人口90万以上の市については、90万以上130万未満　64人、130万以上170万未満　72人、170万以上210万未満　80人、210万以上250万未満　88人、250万以上　96人である。

都道府県議会の議員定数についてはんでした。人口区分や上限数の変更は行われませ人口区分については、四七というサンプル数が圧倒的に少なく、そもそも大括り化になじみにくいため、それまでの人口区分を維持することとされたのです。また上限数の設定についても法定定数制度における法定定数に相当する数とされました。表５―２にあるように、各号に掲げる都道府県の区分に応じ、当該各号に定める数を超えない範囲内で定めなければならないとされていました。

二〇〇三（平成一五）年以前から、都道府県でも市町村でも、ほとんどのところで条例で法定上限数を下回る定数を定めていました。したがって、人口段階別の法定数の根拠は曖昧になっていたといえます。議員の数を法定上限数より減じている理由としては、将来人口の動向、財政負担あるいは経費の削減など財政上の理由、議会運営の簡素合理化などが考えられていましたが、実情は経費削減など行政改革の議会版という傾向が強く、なぜ減らすのか合理的な説明は乏しいといってよかったと思います。

表5－2　都道府県の議会の議員定数

各号	人口区分	上限数
1	75万未満	40
2	75万以上100万未満（人口70万を超える数が5万を増すごとに1人を40人に加えた数）	41～45
3	100万以上（人口93万を超える数が7万を増すごとに1人を45人に加えた数・その数が120人を超える場合にあっては120人）	46～120＊

＊　都にあっては、特別区の存する区域の人口を100万人で除して得た数を当該各号に定める数に加えた数（その数が130人を超える場合にあって130人）

もちろん、同じ人口区分に属する市町村が、同じような減員率の減数条例を制定しているとは限りませんでした。都道府県議会の削減率が市町村議会に比べて低い（一九九八（平成一〇）年一〇月一日現在で、市町村議員の減員比率が二六・九％であるに対し、都道府県のそれは六・一％と著しく低くなっていた）のは、市町村議会の場合、その当該市町村の区域が一選挙区（大選挙区）になっているのに対して、都道府県議会の選挙区は市あるいは郡単位に分かれているため、議員の総定数を減らすに際して、どの選挙区を減らすかの調整が必要になり、多くの場合、この調整に難航するからだといわれていました。しかし、都道府県議会の議員定数を見ると、定数の多い議会ほど定数を減らす傾向にあり、全体としても、削減率は一九九八（平成一〇）年の六・一から二〇〇六（平成一八）年の九・三％へと高まっていたのです。

二〇一一（平成二三）年の自治法改正――定数上限の撤廃

二〇一〇（平成二二）年一二月三日に閉幕した臨時国会では、いわゆる地域主権関連三法案が成立せず、再び継続審議となりました。臨時国会開会中に、民主、自民、公明の三党が法案の修正協議を行いました。民主党が、「地域主権」という用語に難色を示す自民党の主張を受け入れ、法案名に記されている「地域主権改革」を「地域の自主性と自立性を高めるための改革」に、「地域主権戦略会議」を「地域戦略会議」に変更し、条文中の「地域主権」の文言の大半を削除する方向となり、政府は、二〇一一（平成二三）年の通常国会での成立を目指すこととなったのです。

関連三法の中には、「地方公共団体の自由度の拡大を図るための措置」の一つとして、「地方公共団体の議会の議員定数について、上限数を人口に応じて定めている規定を撤廃する」という自治法改正案が含まれていました。

この法定上限の撤廃は、各自治体における議会議員の定数に関しては、自治法上の根拠がなくなることを意味し、各自治体は、議会議員を何人にするのかを自主的に検討・決定しなければならなくなることを意味していました。

５　３　議員定数の新たな設定

人口の規模や人口の増減を基礎にして議員定数の上限を定めてきた法律上の根拠規定がなくなったということは、各自治体は、その議会は何人の議員によって構成するのかを条例で自己決定しなければならなくなったことを意味します。これまでは、概して、こうした上限規定を基準にして、それより少ない定数を条例で決めていました。上限という基準があったことにより、それを下回る定数にすることによって、議会側も経費削減努力をしていることを示そうとしたともいえます。はたして、この削減努力が議員の評価を改善するのに役立ったかどうかは定かではありません。実際は、何人かを削減しても、まだ多いから減らせという圧力はなくならないのです。

ともかく、上限撤廃によって、これまでの法律上の基準がなくなったため、改めて、各自治体は、その議会の議員の数を何人にするのかを検討して決めるという基本的な課題に直面することになりました。これに正面から対処するには、合議体としての議会は何を任務としているのか、その任務を十分に果たすには何人の議員が必要なのかを議論しなければなりません。

◆最少理論値は三人

やや極論ですが、合議体としての構成員数の最少理論値は三人です。しかし、議会の場合は、三人のうち一人は議長役となり、残りの二人が対立すると、団体意思の確定の必要上、議長に決定権が集中してしまいますから、最少定数は四人となるでしょう。これ以上の議員定数を定めるには、しかるべき理由が要るのです。

合議体が成り立つ理論上の最小数が三人であると考え、議員定数をこれにぎりぎりまで近づけるべきでしょうか。その際、議員定数の削減は民意の反映にとってマイナスになるという議論が行われますが、それをどう考えればよいでしょうか。民意の反映と議員数を相関的に見るのは適切でしょうか。かつて議員定数の最少の上限は、人口二千人未満の町村議会では一二人でありましたが、これを八人にし、六人にすれば、それだけ民意の反映は減ずるのでしょうか。

「平成の大合併」に伴い、議員定数が「一桁」の町村議会が出現しました。上限という規定は、それ以下でも民意の反映は可能であるという意味合いを含んでいるはずです。議員を一二人でなく六人にして、きめ細かな住民参画の機会を工夫したほうが、より充実した民意の反映が可能になるかもしれません。「討議の広場」の実現を目指し、住民参加を工夫した北海道栗山町議会は、全会一致で一八人の定数を五人減らし一三人にしました。

大都市や都道府県で、かりに多くとも定数を二〇人以下にまで減らしたら、現状と比べて住民意思の反映や執行部への監視機能は低下するのでしょうか。そもそも、現行の定数で議会活動として何が可能になっているのでしょうか。議員定数について、各議会は住民の参画を得て本格的に検討すべきなのです。

◆定数根拠になるのは常任委員会の扱いか

この点で、議会活動と定数と報酬について本格的な検討を行い、一定の方向を打ち出した会津若松市議会の動きが注目されました（「議会活動と議員定数等との関連性及びそれらのあり方」最終報告（案）二〇一〇（平成二二）年一〇月二五日）。そこでは、委員会中心主義および議員間討議を前提とした現実的な議員定数モデルが提示されています。

議員定数に関する基本的な考え方は、住民の代表機関である議会が、住民の声を当該自治体の政策へ十分に反映させ、かつ議会が十分な議論を尽くすことが可能となる人数とする、という以外にないのかもしれません。住民の多様な意見を反映させられる人数は何人か。一つの有力な考え方は常任委員会で多様な民意を反映した議論が成り立つ適正人数を導き出すことかもしれません。

議案のほとんどが常任委員会への付託審議となっており、委員会で多様な民意を反映した議論が成り立つためには、適正人数を要し、多様な民意を反映した議論が成り立つ最低限の人数として、一常任委員会に六〜七名は必要であるといわれます。六〜七名は、おそらく経験的な判断での数値でしょう。

常任委員会内で賛否が分かれた場合、多数決で委員の意見が賛否同数になれば委員長が賛否のどちらかに加わり、委員会全員の意思で採決できるような委員会の審査環境が望ましいことから、委員会内の委員総数は奇数であることが是であるとされます。さらに、その時に拮抗する半数意見が成り立つには最低でも三名以上は必要であるということになります。

そこで、一委員会について賛成三名VS反対三名＋委員長一名＝七名。これに議長一名を加え八名が議員数となります。一議員一委員会所属の規制は無くなっていますから、一人の議員が複数の委員会に所属し、委員会運営のやり繰りができているところでは、議員数はより少なくできるかもしれません。一議員一委員会所属を前提にすれば、委員会が二つなら議員数は一五名、三つなら二二名です。政令指定都市の議会のように常任員会を六つも置いているところでは議員数四三名になりますが、実際はそれを二〇も上回る六〇人規模にしている場合があります。それはどうしてなのか、別の理由が必要なはずです。

第6章　女性議員への偏見をいかに克服するか

6-1 男性偏在の議員構成

議事機関のメンバーと男女の区別

第一章の[2]（一五頁）で指摘しましたように、議員になるということは、自治体という法人の議事機関のメンバーになるということですから、議会の任務を適切に遂行しうるならば、男女の違いは関係がないのです。

議員はやはり男でなければ、という人がいますが、これは、議員が、議事機関の一員、つまり職能人であるという観点からは、まったく成り立たない主張、つまり屁理屈です。男という人格の属性が議事機関としての議会の任務遂行にとって、女性より適合的であるなどとはいえないからです。議会に与えられた職務を適切に果たす知識も能力も十分でなければ、男であることは無意味です。

「女のくせに出しゃばるな」といった言いぐさも、「頼りになるのは男だ」という強弁も、議会が自治体の機関であることへの無自覚に基因しているといってよいのです。議会の任務を遂行する機関としては男女の区別は関係ないのです。

自治体議会が男だらけなのは、長い間、女性は、肉体的・知的に男性より劣っているとか、育児や家事に専念し家庭を守るのが社会的本分であるとかといった理由から女性が議員になることを妨げられてきたからという面が多分にあるのです。

一方、自治体議会の議員には女性のほうが向いているとも一概にいえません。女性議員が少なすぎるから、候補者の一定比率を女性に割り振る「クォータ制」の法制化を検討し、自治体議会についても女性が活躍できる環境整備を進めるべきだという見方と運動があります。女性議員が増えれば、男性議員にはない知見、知識が生かされ、議会はよくなるという主張のように思えますが、一概にそうとはいえないのではないでしょうか。

個別のケースでは、女性議員のほうが、会派にとらわれず是々非々で物事を判断するのが得意だ、物事にわかったふりをしないので追及心も旺盛だ、といった見方はあります。しかし、それは人によります。議員に当選し慣れて後は、不透明な根回しの技を身につけ住民指向を忘れてしまったのではないかと思われる女性議員も、政務活動費を不正に使用する女性議員もいるのです。

確かに、依然として、自治体議員の中には、「女のくせに」とか「うるさい女だ」といって、女性議員を蔑視しているとしか思えない言動をする男性議員が絶えません。こうした事態を改革するためには女性議員を増やすことが有効かもしれません。ただし、女性だから議会の任務を適切に遂行するとは限らないのです。女性議員を増やす意義や効用と議事機関のメンバーとしての適性とは区別して考えられるべきです。

女性議員の割合

内閣府男女共同参画局が二〇一五（平成二七）年一月に作成した「全国女性の参画マップ」によりますと、二〇一三（平成二五）年一二月三一日現在、地方議会における女性議員は、都道府県議会の現員二、六四八人中二三三人で八・八％、市区議会の現員一九、八五二人中二、七〇五人で一三・六％、町村議会の現員一一、三九八人中九九四人で八・七％でした。地方議員合わせて三万三、八九八人のうち、女性議員は三、九三二人、割合にして一一・六％でした。

総務省の「地方公共団体の議会の議員及び長の所属党派別人員調等」によりますと、二〇一七（平成二九）年一二月三一日現在、都道府県議員二、六一四人中、女性は二六四人、一〇・一％で、市区町村議員三〇、一〇一人中、女性は三、九四七人、一三・一％です。地方議会における女性議員比率が、都道府県議会が一〇・一％、市区議会が一四・九％、町村議会が九・九％です（二〇一七（平成二九）年一二月三一日現在　総務省調べ）。

二〇一九（平成三一）年四月の統一地方選挙では、四一道府県議会の当選者二、二六七人のうち女性は二三四人で、一〇・三％を占めています。同日の一七指定市議選当選者九一〇人のうち女性は一八五人、二〇・三％でした。総務省のまとめによれば、後半に行われた二九四の市議選の女性の当選者は一、二三九人で、これまでで最も多くなり、当選者全体に占める女性の割合も一八％と過去最高となりました。東京の二〇特別区議選では、これまでで最も多い二四三人の女性が当選し、当選者全体に占める割合も三一％と最も高くなりました。町村議選でも女性の当選者は四年前を八〇人上回る五二三人で、全体の一二％で最も高い割合となりました。

二〇〇三（平成一五）年、小泉純一郎内閣の時に、女性のチャレンジ支援策として、「社会のあらゆる分野において、二〇二〇年までに、指導的地位に女性が占める割合が、少なくとも三〇％になるように期待する」としていました。安倍晋三総理も「二〇二〇年までに指導的地位にいる人の三割を女性にする」と内外に公言しました。女性議員ゼロの自治体議会は少しずつ減り、女性議員の数は増える傾向にあるといえそうですが、その割合はまだまだ低い水準にとどまっています。

6-2　女性議員の増加を阻んでいる要因とその克服

内閣府は、依然として低い水準にとどまっている現状を踏まえ、現役の女性地方議員を対象にアンケート調査等を行い、女性議員の実態を把握するとともに、女性地方議員が増えない要因等の分析、検討を行っています。以下、その要点を紹介します。

この研究では、女性議員の割合の少ない要因検討に際して、①女性の政治参画に関する周囲（家族や地域、男性議員等）の意識や理解、②議員生活と家庭生活（子育てや介護等）との両立、③選挙活動や議員活動をする上での経済的側面という観点から調査の設計及び分析を行っています（全国の女性地方議員四、一七〇名（二〇一六（平成二八）年一二月三一日時点）を対象とし、各議会事務局を通じて所属する女性議員にアンケート票を配布して、調査を行いました。回収率は三九・六％)。

アンケート調査への回答から、地方議会において女性議員の増加を阻む原因として、以下の事項が考えられると指摘しています。

①　政治は男性のものという意識（固定的性別役割分担意識）

「女性議員が少ない原因として考えられる理由」を尋ねたところ、「家族や周囲の理解が得づらい」との回答が約七割、「政治は男性が行うものという固定的な考え方が強い」との回答が約六割を占めました。また、女性議員比率が高い議会に所属する議員ほど、「男性議員の理解やサポートがない」ことを課題としていない傾向があるという結果となりました。

②　議員活動と家庭生活の両立環境が整備されていないこと

育児に伴う休業制度や、託児や授乳室の有無に関する質問に対し、産前・産後休暇については、約六割以上、育児休暇については約八割が「明文化されていない」と回答、託児所や授乳室は約九割以上が「設置されていない」と回答しており、女性用トイレすら整備されていないとの回答もありました。また、四〇歳以下で未就学児を抱える女性議員のうち七八・八％が「議員活動と育児の両立が難しい」と回答しました。

③　経済的な負担が大きいことについて

選挙資金における自己資金の割合に関する質問に対し、自己資金の割合は平均で六割程度であり、女性議員比率が高い議会に所属する議員ほど、選挙費用の自己資金の割合が低い傾向にあることがわかりました。

地方議会において女性議員を増やすためには、今後の取組みとして以下の視点が考えられるとしています。

① 政党や団体が性別にかかわらず能力に基づいて立候補を要請すること、女性議会等による女性人材の育成、研修機会の付与、ハラスメントや差別の防止に関する研修を行うことにより、政治は男性のものという意識の改革を行うこと。

② 休暇や休業制度の明文規定の創設や、議会における託児所や授乳室の整備。

③ 経済的な負担軽減のため、政党や団体による経済的支援を行うことや、議員とその他の職業を兼業しやすい仕組みを導入すること。

6-3　女性議員への偏見と議会規則の改正

近年、議員のなり手不足が問題になっていますが、議員の担い手をほとんど男性に限定してきたこと、つまり女性を議員候補として想定してこなかったことが議員のなり手不足を招いてきた原因の一つになっているのではないかと思います。

マタハラ発言

わが国で女性議員が増えない背景として、国でも地方でも「政治は男の世界」という見方が根強いことが挙げられます。男が特段に政治に向いているとはいえません。しかし、依然として、男性議員の中には、女性議員を蔑視しているとしか思えない言動をする議員がいるのです。「女が政治に口を出すとろくなことはない」となじり、「スーツを買ってやろうか」とからかうような男性議員は消えていくでしょうが、都道府県議会の中では最も女性議員の比率が高い東京都議会（現員一二七人中二五人、一九・七％）でセクハラ野次が問題になったことは記憶に新しいところです。

東京都では晩婚化が進んでいる現状を説明し、都の結婚・妊娠・出産に対する取り組みについて指摘していた女性都議に対し、議場から大きな声で「そんなことを言う前に、おまえが早く結婚しないのかっ！」という野次が飛びました。女は結婚・出産をして一人前だ、それもできない女がウダウダいうな、これが本音だったのでしょう。

女性議員の妊娠・出産に関しては、会派内外から「産むのなら議員を辞める覚悟があるんだろうな」「立候補するならタイミングを考えろ」「無計画な出産だ」「税金で出産して」といったマタニティー・ハラスメントを受けることがあるといいます。

男だらけの議会では、議員になった女性が妊娠・出産することがあり、それには産休・育休制度が必要であるという発想が出てきにくいのです。議会運営のシステムそのものが、出産の可能性のある女性が議員になることを前提として作られてはこなかったのです。

出産と会議欠席の事由

出産の前後、女性議員は、議会の会議を欠席することになります。これまでの議会の会議規則では、一般的には、「議員は、事故のため出席できないときは、その理由を付け、当日の開議時刻までに議長に届け出なければならない。」と規定されていました。

欠席事由としては「事故」のみが成文化されていました。実際には、その他に病欠や看護などの事由で欠席を認めることはあるのですが、この「事故」に出産が含まれるのかどうか定かではないのです。かりに含まれるとすると、出産は「事故」になるのでしょうか。

普通、「事故」といえば、「思いがけず起こった悪い出来事」のことです。女性議員の妊娠・出産は想定外の歓迎すべからざる「事故」になるのでしょうか。多くの自治体議会では「産休は議員になじまない」等の理由で、出産を会議欠席の事由に加える規則改正を先送りにしていたのです。

産休制度と議会会議規則の改正

国会では、橋本聖子参院議員の出産をきっかけに、両院とも、規則を改め出産を理由にした欠席を認めることにしました。参議院規則は一八七条の中に、二〇〇〇（平成一二）年から「公務、疾病、出産その他一時的な事故によって議院に出席することができないときは、その理由を記した欠席届書を議長に提出しなければならない。」と規定していますし、衆議院規則は一八五条二項で、二〇〇一（平成一三）年から「議員が出産のため議院に出席できないときは、日数を定めて、あらかじめ議長に欠席届を提出することができる。」としています。自己申告制ですが、会議欠席事由として出産を明文化しました。

これを受けて、自治体議会でも同様の規定を設ける動きが出始めました。全国都道府県議会議長会の標準都道府県議会会議規則（最終改正二〇二一（令和三）年一月二七日）では、「第一条　議員は、招集日の開議定刻前に議事堂に参集し、その旨を議長に通告しなければならない。第二条　議員は、公務、疾病、出産、育児、介護その他のやむを得ない事由のため出席できないときは、その理由を付け、当日の開議時刻までに議長に届け出なければならない。」となっています。

ＮＨＫが、二〇一四（平成二六）年九月、全国の都道府県議会、政令市、東京二三区の議会を対象に行った調査結果の報道では、四七の都道府県のうち四五の議会が規定をすでに設けていましたが、全国二〇の指定都市の議会で設けていたのは七つ、東京二三区の議会では三つで、合わせて全体の二割程度でした（http://www3.nhk.or.jp/news/html/20140905）。

自治体議会で、こうした規則改正が進まなかったのは、欠席を認められると、その理由を問わず、議員報酬が支給されるため、出産により議会を休むと「給料泥棒だ」「税金で食っているくせに」という非難を浴びやすかったからです。これを克服するためには産休を堂々と取れるようにしなければならないのです。欠席事由に「出産」を明記することによって、議会内や住民への認知・理解を広げる必要もあります。

女性と男性の生理的機能の違いに十分配慮すると同時に、それを理由に差別しないのが男女共同参画の基本です。欧州では政治家の産休や育休の取得は常識になっています。北欧諸国では、父母ともに産休・育休を認められ、産休などで出席できない議員に代わって意思表示をする代理議員や代理投票の制度、ペアリング制度すらあるといいます。

女性が活躍できる社会の実現を目指そうとするなら、また人口減少に歯止めをかけようとするのなら、わが国の自治体議会は一日も早く女性議員の妊娠・出産を「事故」ではなく慶事として祝福できるようにすることです。問われているのは男性議員たちの意識改革です。産休の明文化は、その第一歩です。

コラム　代理議員制度

代理議員制度とは、選挙時に代理議員をあらかじめ決めておき、やむを得ない理由で議員活動ができない場合に、議員本人に代わって職務を遂行する制度。代理投票制度とは、表決権を所属政党などに委任することを認める制度。ペアリング制度とは、各議員が、反対の意見を持つ議員とあらかじめペアを組んで、片方が欠席する場合、他方も欠席するなどを取り決めることで欠席が投票結果に影響を与えないための制度。

なお、第三二次地制調の最終報告（二〇二〇（令和二）年六月）では、女性の立候補や当選後の子育てと議員活動の両立をしやすくするため、出産や育児に伴う欠席規定を会議規則で明文化したり、控室に保育スペースを設けたりするといった取り組みを例示しつつ、選挙中に使った旧姓を当選後も使えるようにする措置や、男性議員の育休取得推進も提言しています。

6-4 女性議員の割合が高い自治体

ＮＨＫが二〇一九（平成三一）年一月から三月上旬にかけて、全国に一、七八八あるすべての自治体の議会事務局にアンケート調査を行った結果によりますと、全国三万二、四五〇人、すべての自治体議員のうち、男性は八六・八％に当たる二万八、一八〇人で、女性は一三・二％に当たる四、二七〇人でした。都道府県別に見ると、女性議員の割合が最も高いのは、東京都で二六・九％、次いで神奈川県の二〇・四％、埼玉県の二〇・二％となっています。逆に、女性議員の割合が低いのは、青森県の七・三一％、次いで長崎県の七・三九％、山梨県の七・五六％となっています。女性議員が一人もいない自治体議会は全国に三四〇あり、全体の約一九％になっています。

二〇ある政令指定都市の議会と、東京二三区の区議会では、女性議員がゼロの議会はありませんでしたが、全国に七七二ある市議会では五％で、七四三ある町議会では二七％で、一八三ある村議会では五五％で、女性議員がゼロとなっています。規模の小さな自治体ほど女性議員がゼロである割合が高くなる傾向がうかがえます。

一方、自治体別で女性議員の割合が最も高いのは、神奈川県葉山町で五三・八％（定数一三名中女性が七名）、次いで、大阪府交野市（一四名中七名）の五〇％、東京都清瀬市（二〇名中九名）の四五％となっています。

女性議員の調査・分析をしている市川房枝記念会の調べでは、一九九九（平成一一）年六月時点で、女性比率が高い町村議会は、①神奈川県葉山町（三八・九％）＝一八人中七人、②岐阜県関ヶ原町（三五・七％）＝一四人中五人、③福岡県福間町（三五・〇％）＝二〇人中七人。市議会では、①埼玉県和光市（三三・三％）＝二四人中八人、②東京都多摩市（三二・一％）＝二八人中九人、③東京都小金井市（三二・〇％）＝二五人中八人（定数が一削減された平成一三年三月の改選で女性九人が当選し、三七・五％となった）でした。同じ時点で女性の自治体議員は全議員定数の約六％だったのです。

◆「議員専業」ができる女性

どうやら、いわゆる新住民の多い自治体では女性議員が多かったといえそうです。女性ゼロの町村議会がまだ半数もあったときに、新住民が人口の七割を占める「ベッドタウン」では、女性たちが政治の場にも進出していました。女性議員が増えた要因の一つは、市民運動やサークル活動を背景に、専業主婦が無所属で立候補しはじめたことだったのです。

ところが、専業主婦が自治体議会に進出しているのは「ベッドタウン」だけではないのです。全国町村議会議長会「第六四回町村議会実態調査結果の概要」（二〇一八（平成三〇）年七月一日現在。二〇一九（平成三一）年二月）によれば、町村議会議員の現在数は、一万九五六人、このうち男性議員は九、八五六人（九〇・〇％）、女性議員は一、一〇〇人（一〇・〇％）で、所属党派別で見ると、「無所属」が九、六〇二人（八七・六％）と最も多く、職業別では、「農業」が三、一七六人（二九・〇％）と最も多く、次いで「議員専業」の二、四九九人（二二・八％）となっています。

議員の職業を男女別で見ると、男性では、「農業」が三、〇七一人（三一・二％）と最も多く、次いで「議員専業」の一、九四二人（一九・七％）となっているに対して、女性では、「議員専業」が五五七人（五〇・六％）と最も多く、次いで「農業」の一〇五人（九・五％）となっています。

「議員専業」に関する男女比の大きな違いは何を意味しているのでしょうか。男性が世帯主で主たる生計者になっている場合は、現行の議員報酬で家計を支えていくことはむずかしく「議員専業」とはなりにくい事情がありそうです。まして、男性サラリーマンが自治体議員になるには、会社を辞めなければならないのが普通です。

これに対して、女性議員に「議員専業」が多いのは、女性が主たる生計者でなく、議員以外に仕事をもたなくとも議員活動に専念できるという状況にあるからではないかと考えられます。女性の「議員専業」は女性が主たる生計者でないことによって可能になっているともいえます。もちろん、これには主たる生計者の夫の理解が必要です。

一般に地縁・血縁の強い地域ほど女性が進出しにくい傾向にあり、政治の世界は男の世界と見なされてきたといわれています。議員のなり手不足に直面しても、政治は男性が行うものという考え方に固執している限り、ジリ貧から抜け出せないのです。議員を引退しようとする男性議員は後任に男性候補者を探すのではなく、「議員専業」のできる女性を推挙・応援することです。このような見方は、男女共同参画の理念から疑問符がつくかもしれませんが、女性議員を増やすことが先決ならば、「議員専業」が可能な女性の立候補を促すことが考えられるのです。

二〇一八（平成三〇）年五月に成立した「政治分野における男女共同参画の推進に関する法律」（候補者男女均等法）は、国会と地方議会の議員選挙を対象に、男女の候補者をできる限り均等にするよう政党、政治団体に対して候補者数の目標を定める等の努力義務を課しています。ただし、この推進法は、議員選挙では政党が、また議内運営では政党・会派が介在することを前提にしていますから、無党派・無所属の女性候補者を増やすには、別の工夫が必要かもしれません。

日本の自治体議会は、まだまだ女性が参入しにくい世界であるのが現実です。女性議員を増やすには個人の力では限界があるでしょう。女性メンバーを主力とした活動団体が女性を地元の自治体議員に当選させようとする政治活動を展開するとか、政党等の政治団体や市民運動団体が女性候補者の育成や支援に組織的に取り組むといった必要があるといえます。

第7章　二元的代表制の下で議会は何をするのか

7-1　二つの公選職——議員と首長

地方自治——区域・自己決定権・住民とその代表機関

地方自治とは、一口でいえば、「一定の地域における住民とその代表機関が自己決定権を行使し、その結果に責任をとること」といえます。

「一定の地域」をどう確定するかが自治体の区域問題であり、区域の再編を法律では「廃置分合」といいますが、今日では、もっぱら市町村の合併問題となっています（「平成の大合併」を想起）。合併とは、法人としての自治体の廃止と創設のことです。法人設立には認証手続きが必要です。自治体は自然には消滅しないのです。市町村合併の場合は、関係自治体が協議をして新たな自治体の設置を当該の都道府県に申請します。合併に伴って、いくつかの自治体が消滅しても、土地と住民は消滅しませんから、新たな自治体の区域に編入替えになるのです。

自己決定権とは、住民とその代表機関が、いかなる範囲と種類の事務事業をその判断で決めうるかということであり、国・地方関係における集権・分権問題になります。一九九〇年代の半ばから、「国から地方へ」という掛け声の下、必ずしも順調とはいえませんでしたが、地方分権改革、すなわち、自治体の自己決定権を拡充する方向での改革が進められてきました。

「住民とその代表機関」というのは、わが国の地方自治では、住民が、自治体の長（都道府県知事と市区町村長）と議会議員を、直接、別個に、選挙で選ぶということです。つまり、住民の代表機関が二通りになっています。これを二元的代表制と呼んでいます。

二元的代表制とは、①住民が、自分たちの代表機関として、首長と議員を別個に直接選挙で選出すること、②首長と議員は、それぞれ住民に対して政治責任を負っていること、③首長と議員はともに住民のために行動するため一定の緊張関係のもとに協力し合うこと、という要素によって構成される政治システムということができます。

◆「首長制」から「二元的代表制」へ

二元的代表制といわれる前は、「首長制」あるいは「首長主義」という言い方が一般的でした。首長制というのは、執行機関の長に独任の直接公選職を充てることをいいますが、それは、住民の代表機関として首長が議会に優位するという意味ではありません。

自治法一四七条には「普通地方公共団体の長は、当該普通地方公共団体を統轄し、これを代表する」とありますが、これを根拠にして、住民の代表機関として首長が議会に優位しているとする見方がありますが、これは、首長が対外的に自治体の意思を表示するという法的代表権を意味するにとどまるものです。

しかも、議長の訴訟代表に関する自治法一〇五条の二にあるように、他の法的代表権を排他的に除外するものではありません。「統轄」とありますが、行政委員会との関係における総合調整権限は別にしても、これは議会に対する総合調整の根拠規定ではないのです。

それなら、どうして二元的代表制という言い方をするのでしょうか。それは、どちらかといえば執行部優位の下で自治体運営では脇役に甘んじてきた議会を、住民の代表機関としては首長と対等な存在として価値付け直し、その機能をできるだけ充実・強化しようという意図を込めているといえます。ですから、どこの議会基本条例も二元的代表制の意義を強調しています。裏返せば、議会が、首長に対してあまりにも従属的で、議会独自の機能を発揮していないのではないかという批判的な見方が背景となっているといえます。

ただし、議会（実態としては多数会派）と首長との実際の関係は、一方的に首長が優位しているわけではなく、多数会派が首長の意思決定を左右するほどの影響力を揮う場合もあり、そうした場合は、二元的代表制論は、議会側の過剰介入を戒める論拠にもなるのです。

7-2　「議事機関」としての自治体議会

憲法では議会は必置扱い

憲法九三条の規定を受けて、自治法は、第六章に議会に関する規定を置き、その八九条で「普通地方公共団体に議会を置く。」としています。議会は、住民の代表が集まる合議制の「議事機関」であり、単なる議決機関ではありません。日本国憲法の英語版では、「議事機関」には deliberative organ が、「議会」には assemblies という語があてられています。討論（熟議）し立法するために集まってきた代表者たちの合議体、それが議会であるといえます。

憲法は、国会については四一条で「国会は、国権の最高機関であつて、国の唯一の立法機関である。」と規定しています。この国会と比べれば、自治体の議会は、自治権の最高機関でもないし、唯一の立法機関ともいわれていません。いったい、議事機関には、どれほどの重みがあるのでしょうか。

自治体の議会は、憲法上は「議事機関」として必置となっていますが、これと照応する憲法規定は首長についてはなく、自治法上は、首長は、自治体の「事務を管理し及びこれを執行する」（自治法一四八条）とされています。議員の被選挙権に関しては「引き続き三箇月以上市町村の区域内に住所を有する者」（公職選挙法九条二項）という住民要件を課しており、議員が住民の代表者であるという性格は明白です。首長の被選挙権には、このような要件はなく、どこの住民でもかまわない。首長は行政執行の長であることがより重視されているからです。ちなみに、憲法英語版では首長は chief executive officer です。

直接公選の首長がどんなに有能であろうとも、住民の代表機関としての議会なしの地方自治などありえません。住民やマスコミ関係者の中には、議員の不祥事や議会のふがいなさに立腹して「議会なんか要らない」という人がいますが、議会を無くすことなどありえません。

◆議会の権能

自治法で規定されている議会の権能は、概要、次のとおりです。

○　議会は、一五の事項（事件）を議決する権限（自治法九六条）を有し、自治体としての意思を確定する。利害調整や意見集約など意思決定に至る審議過程もここに含まれます。

○　議会は、議事機関としての審議・議決、あるいは議案提出を通じ、議会としての政策形成機能を担い、議員及び委員会の議案提出権（自治法一一二条一項、一〇九条六項）、議案の修正の動議（自治法一一五条の三）、専門的事項の調査（自治法一〇〇条の二）等の権限を有しています。

○　議会は、首長その他の執行機関の事務執行に対する監視機能として、検査権や監査請求権（自治法九八条）、調査権（自治法一〇〇条）等を有しています。

◆議決対象案件

議会が審議・表決すべき議案を議決対象案件といいます。この提出権は提案権・発案権ともいわれますが、それは大きく三つに区分できます。

①　自治体の意思を決定するもの＝予算、条例（予算の提案権は首長のみ）

②　議会の意思を決定するもの＝意見書、決議、会議規則（発案権は議員のみ）

③　首長が事務執行するために議会の議決を必要とするもの＝契約の締結、人事（副知事・副市町村長、教育委員など）の選任同意、財産に関すること（発案権は首長のみ）

条例も予算も議会が議決しなければ首長は執行できません。しかし、この九六条と照応関係にある一四九条を見ると、首長は、議案の提出、予算の調製（編成）など、単なる執行機関ではなく、議会の議決を経て自ら執行すべき施策の案を自ら企画・立案する権限をもっていることがわかります。この点をさらに見ておきましょう。

◆政策の企画・立案と首長の優位

自治体における政策展開（政策の始めから終わりまで）は、模式図的に表せば、①政策課題の発見・提起、②その調査・分析、③課題解決の企画・立案、④解決策の審議・決定、⑤決定事項の執行・実施、⑥点検・評価、⑦見直し・対応のプロセスといえます。事務事業（政策）の評価を行っている自治体ではＰＤＣＡモデルを使っていますが、Ｐ＝Planは、企画・立案・審議・決定に当たり、Ｄ＝Doは執行・実施であり、Ｃ＝Checkは点検・評価であり、Ａ＝Actionは政策の継続・変更・廃止などを意味しています。議会の任務は主として④に当たります。

政策形成機能という場合は、主として②と③を指していますが、この段階の掌握（独占ではない）こそ、実は、長い間の執行機関優位の重要な要因であったといえます。議会で審議・決定する事案の企画・立案は、自治体の意思を決定する前提となりますから、それを誰が主として行うかは、自治体の意思そのものの内容とその実現方法の決定を左右するほどの重要性をもっているといえます。物づくりの職人の世界では「段取り八分」といいますが、政策の段取りでは「原案は八分の強み」といわれます。誰が、どんな考え方で、原案を作成したかが決定的な重要性をもっているという意味です。

首長側は、自分たちで実施・執行する施策を自ら企画・立案するのですから、その施策の必要性と有効性に確信をもっているでしょうし、施策案をできれば無修正で議決してもらいたいと思うのが自然でしょう。首長側は、その準備を整えて議会で説明し答弁しているはずです。

現行の自治法では、議会への議案提出権は首長と一定数（議員定数の一二分の一）の議員及び常任委員会（二〇〇七（平成一九）年四月から）にもあるのですが、ほとんどの議案は首長（執行部）提案となっています。議会は、この提案を待って、その主旨等を首長側に質問し採決しているのです。

首長提案に対し議会が明示的に抵抗していない事実を指摘して、議会がもっぱら首長の追認機関になっているという批判が行われることがあります。外形的には、そのように見えますし、実際にそういう場合もあるでしょう。ただし、予算案を含む首長提出の議案が、提出前に議会側の意見を組み入れ、議会側の抵抗が予想されるものは提案から落とすといったこともあるのです。首長がほとんど議案を提出しているからといって、企画・立案に議会側が影響を与えていないとはいい切れません。問題は、それが住民には見えにくいことなのです。最近は、議会側が積極的に条例案を提出し、立法機関としての機能を強める努力をし始めています。

7-3 議事機関としての活動準則——議会基本条例の意義

議事機関としての議会は、いわば器ないし装置であって、一定数の議員が四年任期で選ばれ、選ばれた議員たちが機関に与えられた任務を果たすべく活動すると、装置としての議会が作動するという仕掛けになっているといえます。どういう時期の、どういう時代潮流の中にある四年間であるかによって、任務遂行の具体的な内容や優先順位に変化が起きえます。議会の任務は議員全員で遂行します。議員全員が何をどうすべきかを知っていなければ、機関としての責任は果たせないはずです。

その意味で議員には一定の知識と能力が必要です。しかし、選挙で選ばれることは、必ずしもその保証にならないのです。相当に不揃いな議員が議会を構成することになるのです。期数の多い議員の数が多くなると、ある意味で不揃いさは少なくなるかもしれませんが、沈滞し、代わり映えしない議会になってしまうこともあるのです。

そこで、四年任期で選ばれて議会を構成した議員は、全員で基本認識を共有する必要が出てくるのです。まず、自治体の議事機関になり、職能人として行動するのですから、機関に与えられた責務を誠実に遂行しなければなりません。機関として行動するためには、生身の人間としての自己抑制・自己規律が不可欠になります。職務を媒介にして人格は機関に転換するといっても、人格の影響を排除できないからです。だからこそ、少なくとも議事機関としての行動準則の周知徹底が必要になるはずです。

議員が、任命職である一般職の職員と違って、「立法関係のひとまとまりの仕事」をしている公選職であることを改めて自覚し、その責任を果たすには、何が大切なのかを考える必要があります。この点で有効な手立ては議会基本条例の制定ではないかと思います。

◆議会基本条例による自己規律

二〇〇六（平成一八）年は、わが国の地方自治においては議会改革元年ともいうべき「議会基本条例」が出現した年です。同年五月一八日には北海道栗山町で、わが国で初めて、*また一二月二〇日には三重県で、都道府県としては初めて議会基本条例が成立しました。

＊　栗山町の条例に関し神原勝氏は「日本の自治体改革の歴史に刻まれる快挙」と評価しています。橋場利勝・神原勝『栗山町発・議会基本条例』公人の友社、二〇〇六年、一一〇頁。

これらの議会基本条例の制定は、自治体議会の自己改革という点で極めて重要な出来事でした。議会基本条例は、二元的代表制の下、議会の基本理念、議員の責務及び活動原則等を定め、合議制の機関である議会の役割を明らかにするとともに、議会運営の基本的事項を定めています。

議会運営は、議会基本条例を制定しなくとも、自治法とその解釈運用によって可能です。この条例制定は自治法で義務づけられていませんし、国はその制定を特に推奨してはいません。しかし、このような条例の制定が禁じられてもいません。ですから、自治体が、自主的に判断して、議会・議員の振る舞い方のルールを定めているのです。そのねらいは、このルールで自分たちの振る舞い方を規律し、住民の信頼を得ようということです。

議会基本条例の制定は全国的に普及し、二〇一七（平成二九）年四月一日現在、七九七自治体に及び、自治体全体の四四・六％を占めています（「自治体議会改革フォーラム」の調べ）。

ひとたび議会基本条例が制定されれば、自治体議員選挙における立候補者は、この条例をあらかじめ承知していなければなりませんし、当選後は、すべての議員は気を引き締めて条例の内容を遵守する責務を負っているのです。得票数や当選回数がものをいうのではなく、議員として新たなルールが予定するような行動をとれるかどうかが問われることになるからです。

二〇一七（平成二九）年度版の「栗山町議会基本条例の誕生と展開」によれば、この基本条例の特徴は以下の点にあるとされています。

①　町民や団体との意見交換のための議会主催による一般会議の設置
②　請願・陳情を町民からの政策提案として位置付け
③　すべての議案に対する議員の態度（賛否）を公表
④　年一回の議会報告会の開催を義務化
⑤　議員の質問に対する町長や町職員の反問権の付与
⑥　政策形成過程に関する資料の提出の努力義務
⑦　五項目にわたる議決事項の追加
⑧　議員相互間の自由討議の推進
⑨　政務活動費に関する透明性の確保
⑩　議員の政治倫理を明記し、別途議会議員政治倫理条例を制定
⑪　最高規範性と毎年の見直しを明記
⑫　町民から議会運営に関し提言を聴取する議会モニターを設置

⑬　有識者に政策づくりへの助言をもらう議会サポーターの導入
⑭　正副議長志願者の所信表明の導入

三重県の条例は、議会を立法機関と捉え直し、議会活動を行うための会派の結成、監視・評価機能・政策立案機能の強化を図るための附属機関の設置、議員相互間の討議、議会審議への県民の参画などを規定した点に特色があります。

その後、両議会は条例を数回修正しています。これらの条例は、今日における議会基本条例の到達点といえる内容を備えていると思います。

第8章　議会の審議はどのように行われるのか

自治体議会は、住民代表の合議体として、地域社会のさまざまな利益と意見が表出する場であり、その独自性は、それらが公開の審議の場に反映し、議論を通して意思決定が行われることにあります。したがって、議員としての大切な職務は、議会での立法活動（議案の提案・審議・表決）であり、陳情などの仲介活動でも、個別利益の実現に係る「口利き」でもないのです。少なくとも、議案に関し、よく吟味し、必要な調査研究を行い、しかるべき発言をし、賛否を表明しなければならないのです

8 1　議会運営のルールはどうなっているのか

自治体議会が、議決対象案件を審議・表決する上での手順・手続きは議会の運営ルールの一部ですが、それは各議会が自主的に決め得る内部事項であるはずです。しかし、自治体議会の運営ルールに関しては、地方自治法による直接規制があり、それを受けて条例に委任している事項があり、それ以外は議会の会議規則で定める、という三層構造になっているのです。

運営ルールの三重構造

自治法には、直接に議会の内部事項に規制を加えているものがあります。例えば、議長の委員会出席権（一〇五条）、主要な委員会の設置・所管（一〇九条）、議員の議案提出要件（一一二条）、開議請求要件（一一四条）、修正動議提出要件（一一五条の三）などです。このうち、一〇九条は「普通地方公共

団体の議会は、条例で、常任委員会、議会運営委員会及び特別委員会を置くことができる。」（一項）とし、各委員会の任務を規定した上で、その九項で「前各項に定めるもののほか、委員の選任その他委員会に関し必要な事項は、条例で定める。」としています。

ところが、自治法一二〇条は、「普通地方公共団体の議会は、会議規則を設けなければならない。」と会議規則の制定を義務付けています。会議規則は議会の内部事項の規定ですから、条例ではなく規則で扱っていることに問題がないように見えます。

しかし、この一二〇条で会議規則を定めるとしながら、委員会事項は条例で定めるとしているのです。議会審議の主体である本会議については「会議規則」で、その下位審査機関である委員会については「委員会条例」で規定するというのは、一般的な法体系（法令→条例→規則）と異なる体系となっています。自治体議会に関して独自の法体系とする必然性があるとは思えません。

自治法一三〇条は、「傍聴人が公然と可否を表明し、又は騒ぎ立てる等会議を妨害するときは、普通地方公共団体の議会の議長は、これを制止し、その命令に従わないときは、これを退場させ、必要がある場合においては、これを当該警察官に引き渡すことができる。２　傍聴席が騒がしいときは、議長は、すべての傍聴人を退場させることができる。３　前二項に定めるものを除くほか、議長は、会議の傍聴に関し必要な規則を設けなければならない。」と規定しています。議長が必要に応じて議会の秩序維持権を行使するにしても、「会議の傍聴に関し必要な事項」は、規則ではなく、条例で定めるべきではないでしょうか。

◆標準会議規則の普及

議会運営については、一九四七（昭和二二）年一〇月、当時の内務省行政課長が都道府県総務部長宛に「都道府県議会会議規則準則」及び「常任委員会及び特別委員会の条例の準則」を発出し、これを参考にして、各議会は会議規則と委員会条例を制定し運用することになりました。

一九五六（昭和三一）年の自治法改正に伴い、都道府県、市、町村の全国議会議長会が、それぞれに標準会議規則、標準委員会条例を作成し、この「標準」が各議会で一般化しました。そこで、どの議会も内容がほぼ同一の会議規則と委員会条例を定めることになったといえます。同じにしておけば、運用上の疑義が生じたときに、お互いに照会し合えるという便宜があるとされているのです。

しかし、この「標準」に従った各自治体の会議規則には地方分権改革に適確に対応していない面が残されています。この点を見抜いた三重県大津市議会は見直しを行っています。

◆規則による権利義務規制は廃止

既に旧聞に属すかもしれませんが、二〇〇〇（平成一二）年四月、いわゆる地方分権一括法の施行に伴い、改正地方自治法によって、「普通地方公共団体は、義務を課し、又は権利を制限するには、法令に特別の定めがある場合を除くほか、条例によらなければならない。」（一四条二項）ことになったのです。

これは、機関委任事務制度の廃止に伴い、個別の法令により権利義務規制（義務を課し又は権利を制限すること）を自治体の執行機関が定める規則に委任している実態を改革しようとするものでした。すべての省庁はこれに応じました。ただし、警察庁は、「機動性の確保」を主な理由にして、道路交通法などにある規則委任を見直さなかったのです。警察の権利義務規制権限に関しては条例制定という形で都道府県の知事及び議会の権限は及ばないのです。

◆対応が遅れている標準会議規則◆

実は、自治体議会が制定している「議会規則」が、住民の権利義務規制は規則ではなく条例によらなければならないという原則に反する内容を温存しているのです。

自治体議会に関する運営の基準や手続きは、自治法に定めがあるほか、各議会で定める「会議規則」などに拠っていますが、ほとんどの議会では全国組織の自治体議会議長会の作った標準モデルに準じているのが実情です。問題は、住民の権利・義務に関する事項を「条例」ではなく「規則」で定めていることです。条例と規則の切り分けが不整合になっているといえます。

◆大津市議会の取組み◆

この点を見抜いた大津市議会は、「会議規則」を「会議条例」に改変するなど議会例規全般の見直しを行いました。憲法で国民に保障されている権利である「請願」に関する要件事項が、住民の直接請求によって改正可能な条例でなく、議会でしか制定改廃できない規則で定められていることは、憲法一六条（「何人も、損害の救済、公務員の罷免、法律、命令又は規則の制定、廃止又は改正その他の事項に関し、平穏に請願する権利を有し、何人も、かかる請願をしたためにいかなる差別待遇も受けない。」）の立法趣旨に鑑みると適当ではないとし、また、「秘密会の実施」及び「議会内の秩序保持」に関しても、市民に拘束力を及ぼす規定を、議会内部のルールを定める規則に置くことについても同様であるため、これらを「会議条例」に規定することとしたのです（二〇一四（平成二六）年二月）*。

＊　吉田利宏「議会の例規考」（『自治研究』第九二巻第八号、二〇一六年八月）は、大津市の主体的取り組み姿勢を評価しつつも、いまだ完成形でないことを指摘しています。

大津市議会会議条例一条は、「この条例は、地方自治の本旨に基づき、地方自治法……一二〇条に規定する会議規則の内容を条例において定めることにより、議会に関する市民の権利を保障し、市民に開かれた議会の運営を図ることを目的とする。」としています。従来の内部事項としての「会議規則」は、この条例を受けて「会議規程」で定めています。住民の権利義務規制を「規則」で行っているような「時代遅れ」を正したといえます*。

＊　条例と規則の関係を念頭に置いて、規定の整備を行ったのは北海道福島町議会でした。二〇〇九（平成二一）年四月に福島町議会基本条例の施行と同時に、会議規則、委員会条例、議員定数条例を廃止して、議会会議条例に一本化しています。会議条例の下に、議会運営基準と議場発言運用基準を設けています。

大津市議会が、こうした改革の一環として、「機動的な例規運用」に乗り出したことも重要でした。議会運営ルールは、一般的に「先例」や「申し合わせ」によることが多いのですが、これらは自治体のホームページで公開されている「例規集」に含まれないことから、住民がその内容を容易に知ることは難しいのです。そこで、これまで「先例」「申し合わせ」で規定されていた内容を、自治体例規として公開する「会議規程」としました。住民にはわからない「先例」や「申し合わせ」の見える化の試みであり、開かれた議会運営の実現への取り組みです。

新型コロナ禍と会議のオンライン化

二〇二〇（令和二）年、新型コロナウイルス（以下、新型コロナ）の発出と流行は、議員が議場に現に参集して審議・議決するという自治体議会運営の基本的なあり方を問うことになりました。新型コロナは、人から人へと飛沫と接触によって広がっていくため、個々人がマスク着用、手洗い、消毒を徹底し、生身の人間同士の接近と対面をできるだけ減らし、三密（密閉・密集・密接）を回避することが要請されました。

普段なら、地元の行事・イベントに顔を出し、住民の困りごとや要望に耳を傾け、懇親会に出席し、飲み物の酌をして回り、談笑する、そうした当たり前の行動が新型コロナの感染拡大によって制約され、選挙運動で、誰かれと構わず握手をして回るスキンシップ作戦もとれなくなりました。

多くの議会では、新型コロナ対策として、三月定例議会の日程を短縮し、首長の所信表明の後の一般質問を取りやめ、再質問をやめ、補正予算も特別委員会を開催せず本会議場で議決し、また次年度予算案や常任委員会に付託すべき議案を当日議決するといった議会活動の省略が起きました。議員の間には、議会棟が閉鎖しているわけでもないのに大事な予算議会の審議をしないのは問題ではないかという声もありましたが、対応に追われる執行部の負担軽減を理由にした活動自粛が行われました。

新型コロナの流行によって議会の会議の開催のあり方が問われることになりました。自治体議会の会議には本会議と委員会がありますが、いずれも、議員と執行部が本会議場なり委員会室に出席して行われています。そこは典型的な三密の場所です。出席とは、特定の場所に現に参集することを意味しています。これらの会議を新型コロナの感染拡大防止の観点から、インターネットによるオンラインで開催することが是か非かが問題になりました。これに関し自治体議会から総務省に問い合わせがなされ、総務省（自治行政局行政課長）は二〇二〇（令和二）年四月三〇日、オンラインでの議会審議について各都道府県などに対して「技術的助言」（「新型コロナウイルス感染症対策に係る地方公共団体における議会の委員会の開催方法について」）を出しました。その回答は次の通りです。

問　新型コロナウイルス感染症対策のため、委員会をいわゆるオンライン会議により開催することは差し支えないか。

答　議会の議員が委員会に出席することは不要不急の外出には当らないものと考えられるが、各団体の条例や会議規則等について必要に応じて改正等の措置を講じ、新型コロナウイルス感染症のまん延防止措置の観点等から委員会の開催場所への参集が困難と判断される実情がある場合に、映像と音声の送受信により相手の状態を相互に認識しながら通話をすることができる方法を活用することで委員会を開催することは差し支えないと考えられる。

その際には、現に会議室にいる状態と同様の環境をできる限り確保するため、議事の公開の要請への配慮、議員の本人確認や自由な意思表明の確保等に十分留意するとともに、情報セキュリティ対策を適切に講じる必要がある。

なお、法一一三条及び法一一六条一項における本会議への「出席」については、現に議場にいることと解されているので、念のため申し添える。


末尾のなお書きは、本会議への「出席」は「現に議場にいることと解されている」ため、本会議のオンライン開催は認められないという意味です。自治法は「普通地方公共団体の議会は、議員の定数の半数以上の議員が出席しなければ、会議を開くことができない。」（一一三条）と、また、「この法律に特別の定がある場合を除く外、普通地方公共団体の議会の議事は、出席議員の過半数でこれを決し、可否同数のときは、議長の決するところによる。」（一一六条一項）と規定しています。これらの条文における「出席」とは、現に、一定数の議員が本会議場に参集していることを意味すると解釈されているのです。

ただし、委員会については、議員が集まるのが難しい場合、条例や会議規則などを改正・変更すれば、テレビ電話などによるオンラインの開催は可能であるというのです。このオンライン開催は、あくまでも新型コロナ対策に限定した措置であって、自然災害時などは想定していないというのが総務省の見解といわれます。

オンライン会議の開催をめぐる、このような本会議と委員会の区別をどう考えるかが問題になります。委員会審議においてオンライン化の有用性を認めながら、本会議における導入を否定することに合理性があるとは考えにくいからです。新型コロナ感染症のまん延防止措置の観点等から本会議場への参集も困難と判断される実情が想定されます。全国都道府県議会議長会などが、議場に直接集まらずに済めば感染リスクを軽減できるのであるから本会議でもオンライン開催を可能とするよう、自治法改正を要請しましたが、これはもっともなことです。

実際には、コロナ禍で活動を自粛した自治体議会も少なくなかったのですが、三密回避のために、採決以外では議員の本会議出席は定足数に限り、他議員は控室等で中継視聴するという対応を試みた議会もあります。新型コロナのような感染症の流行下にあっても、本会議開催―委員会付託―審議―本会議での討論・採決という一連の議案審議を議決まで完結できる議会版ＢＣＰ（業務継続計画）の整備が必要であることは明白です。

自治体議会の中には、全議員に関係資料をタブレット端末に配付しているところもあり、オンライン会議の導入がさほど難しくないことはわかっています。手始めに、会派の中で、一人の議員が契約を結び、毎週一回、オンラインで議論を交わし、テレビ会議アプリ「Zoom（ズーム）」を使ったオンライン議会報告会も行われています。会場参加も受け付けますが、パソコンなどで住民の誰でも参加できるような工夫もしています。

すべての自治体議会は、議会版ＢＣＰを整備して、新型コロナ対応を検証しつつ、かりに議会内でクラスターが発生し議会棟が全面閉鎖になった場合でも、議会機能を維持するためには議決可能な遠隔採決もできるようにしておくべきです。議員に感染者が出れば、濃厚接触者の自宅待機も十分考えられますし、本会議・委員会をオンラインで開催できるようにしなければ予算案など重要案件が首長の専決処分で決まってしまい、住民代表の議会の機能が果たせなくなる可能性があります。オンライン議会の必要性を否定しがたいといえます。

議場に直接集まらずに済めば、感染症のリスクを軽減できるだけでなく、出産・育児と議会活動の両立のために役立てることもできます。もちろん、通信環境の不十分さや通信トラブル時への対応、採決の確認方法などの課題がありますから、それらへの対応は必要です。

災害の発生や感染症の蔓延等、やむを得ない理由で議事堂に参集することが困難な時には、その状況に応じた情報通信技術の積極的な活用によって議会活動の継続を図ることが大事です。本会議運営を、オンライン会議などの手段による遠隔審議・議決を可能にするように自治法の改正が必要だと思います。

８　２　国会をまねた本会議場

雛壇に執行部の面々が座る

議員の最も大切な職務は議案の審議と採決です。そのおおまかな流れは、執行部（首長等）が議案を提案（上程・提案説明）した後、議員の質問に執行部側が答え（議案質疑・答弁）、議員が賛成反対の意思を表明（討論）して、最後に可・否を決める（採決）となっています。

多くの議案は、普通は、委員会付託といって、本会議上程（議案朗読）→提案理由の説明→本会議質疑→委員会付託（議決必要）→委員会審査（説明・質疑・討論・採決）→委員会報告書提出→本会議上程→委員長報告→委員長報告に対する質疑・討論・採決という順序で処理されます。

本会議は議員全員が本会議場に集まり審議することですが、この本会議の議場が、国会議事堂の本会議場をまねしたような間取り（雛壇型）となっています。中央に議長席があり、その両隣に雛壇があり、首長をはじめとする執行部の幹部職員が並んで座っています。これを「理事者席」といっているところがあります。国会でさえ、自分たちが選んで雛壇に座らせる内閣総理大臣と閣僚を理事者とは呼びません。国会で理事者といえば、人数が多い常任委員会の仕切りを行うため各会派が出す理事会のメンバーをいうのです。首長たちは議会という合議体（団体）の役職者ではありません。理事者でなく執行部と呼ぶべきです。

本会議場がどうして雛壇型になったのか

本会議場が雛壇型になっているには理由があります。

一九五六（昭和三一）年の自治法改正により、常任委員会の数と閉会中の審査が制限されましたが、これは、常任委員会が常時開かれ執行権に関与するのを防ごうというねらいでした。しかも、議会の運営方法については、執行機関の首長は原則として議会には出席せず、特に要求があったときに限り出席できることとされました。当時、国は、執行部への議会意思の流入をいかに制限するか、あるいはどのように執行権を確立するかに関心があったといわれています（自治総合センター・地方議会制度調査研究委員会『地方議会に関する問題点』昭和六一年一月、五四頁を参照）。

しかし、実際の運営は、執行部側が出席しないと議案を説明し質問に答える者がいないため会議が成り立たず、出席しなければ議会軽視と叱正されるというように、事実上、逆転してしまったのです。いまでも、執行部は最初から雛壇に陣取り、議員もそれを当然視しています。議員だけで議案を審議することはまずないからです。このように首長などが主役として議会審議に参加することは執行部優位の体制の一部となっています。

こうした間取りは、明らかに、本会議の議場が、議員たちの「討論の場」ではなく、雛壇に並ぶ首長側が提案した議案に関し、議員がもっぱら質問する場になっていることを表しているのです。

現行の自治法では、国の場合と異なって、執行部側の出席は議会審議に不可欠とは考えられてはいません。首長などは、議会の審議に必要な説明のため議長から出席を求められたときは議場に出席しなければなりませんが、国会をモデルにして執行部側がいつでも出席し、審議とは議員がこの執行部に対し、もっぱら質問する形が常態になってしまっているのです。

欠如しているのは議員同士の議論です。首長とは別個に直接公選されている議員同士が審議の場としてふさわしいように、例えば本会議場を、お互いに顔を見られるように、円形や長方形の設計にする工夫があってもよいはずです。議員同士が徹底した討論を行うには、そうした物理的空間の設計が必要です。地域に根ざした政策論を会派同士、議員同士で展開することが本来の「討議の場」としての議会の姿ではないでしょうか。議場の間取りのあり方を軽視すべきではないと思います。

せめて対面方式へ

雛壇型の議場において議長の前にある演壇で質問に立つ議員は、なんと質問の相手である首長たちに背を向け、学校の教室のように雛壇（教壇）に向かって座っている同僚議員に向かって質問するのです。背を見せて人に質問するのが失礼とは思っていない様子です。さすがに、これはおかしいと気づいた議会は、対面方式といって、雛壇に向かって質問する方式に改めています。議場のレイアウトを変え、質問者の演壇を議長席の前から議員席の最前列に移し、向きを逆にして執行部側へ向き合うのです。

対面方式は改善の一歩といえますが、もっぱら執行部に対して質問することは変わっていません。質問に立つ議員は執行部側から質問されることをまったく予定していないのです。もっとも、最近は、議会審議の過程で、議員の質問に対して執行部が聞き返す「反問権」を規定している議会基本条例も出てきました。ただし、「反問」といっても実際には質問の趣旨確認に止まり、丁々発止の議論にまでなることは少ないようです。

コラム　円形や正方形の議場

議会のなかには、少数ながら、例えば、静岡県議会、掛川市議会、稲沢市議会、愛知県議会、島根県石見町議会のように本会議場を円形にしているところがあります。名古屋市議会は方形です。東京都武蔵野市の議場は正方形でコーナーに議長席があり、全体が視野に入るデザインとなっています。また、議場を「議会が使うのは年間でも約二ヶ月だけ、空いている時間は有効に使って」と多目的ホールとして住民に開放しているところもあります（例えば千葉県東庄町議会）。岡本光雄「議会審議の革新」（大森彌編著『分権時代の首長と議会』ぎょうせい、二〇〇〇年）、佐々木美彌子「議場の形、活性化の端緒に」（『朝日新聞』「私の意見」欄、二〇〇三年一〇月一八日）を参照。

8-3 本会議場での議員発言

質問と質疑

発言とは質問（一般質問）と質疑（議案質疑）です。質問については、会派制をとっている議会では、会派代表者が行う代表質問と、個々の議員が行う一般質問とを区別しています。両者では質問の方法に違いがあります。代表質問では、議員がまとめて質問をし、執行部がまとめてそれに答える一括質問・一括答弁の方式を採用しています。一般質問では、一つの質問に対してその都度一つずつ答えるという一問一答方式が採用されています。一問一答方式は、わかりやすく、筋書きのない活発な議論が交わされる可能性がありますが、まったく想定していない質問や資料の準備のない質問に対して執行部側が明確な答弁ができないことも出てきます。

一般質問とは、議員があらかじめ通告した内容について所定の持ち時間内で首長等の「所信を問い質す」ことであるとされています。そのねらいは首長等に対して、行財政全般にわたって、疑問点を質し、その政治姿勢と責任を明らかにし、掲げている政策の変更・是正あるいは新規政策を促すことです。この一般質問では、会議規則により、自治体の事務権限外のこと、議員及び首長・執行部職員の個人的なこと、議会の品位を損なうこと、資料の提出を求めることはできないことになっています。

発言通告書によって一般質問の事項はあらかじめ議長に提出するのが慣例ですが、それは議事整理の都合ということで、執行部にも伝えられます。このような事前質問通告が常態化しています。

議会審議を取り仕切る上で、議長に対して質問内容を提出するのは理にかなっていますが、それがすべて首長・執行部側に伝えられるのはどうしてなのでしょうか。しかも、執行部には通告している質問事項は必ずしも住民（マスコミを含む）には事前に公表はしていません。一部の議会が一般質問日程を、日時・質問者・会派・主な質問内容を記載した一覧表を「お知らせ」として地元紙に掲載するようになったのは最近のことです。

◆議案質疑

質疑（議案質疑）とは、本会議に提案された議案についての執行部側の説明に疑義があることを質問する行為のことです。会議規則では、質疑は簡明にすること、議題以外に及んではならないこと、賛否を加え内容が討論にならないことなどのほか、質疑する回数も制限されています。この場合も、質問事項を事前に議長に通告しています。

質疑は、議案審議の流れの中での議員発言であり、文字通り「疑義を質す」もので、「質疑は同一議員につき、同一の議題について〇回を超えてすることはできない」というルールで行われています。質疑に当たっては自分の意見を述べることはできないことになっています。「私はこう考える」とは言ってはいけないというのです。もっぱら「疑義を質す」という意味での質問に限られています。質疑には、本会議質疑の他、委員会質疑、委員長報告に対する質疑があります。

◈知らないことを尋ねる場ではない

本会議や委員会での「質問」や「質疑」では「知らないことを聞かない」ことが原則であり、議会における質問・質疑は、世間における一般的な質疑応答とは性質を異にしています。議会は議員が知らないことを単純に尋ねる場ではないからです。議員は、あらかじめ案件に関し十分調査・検討し、論理構成した自分の主張を基に執行部の意向や政策を質すのです。知らないこと、分からないことは、あらかじめ調べ、その上で執行部を問い質し、政策の見直しや変更の可能性を迫ることが議員の発言の主旨であり意義であるはずです。

ところが、議員の中には、質問・質疑とは「知らないことを訊くことだ」と勘違いしている人がいるのです。あらかじめ自分で、あるいは会派で調べれば直ぐわかることを訊くのは審議時間のムダであり、そのような議員は執行部からも内心は軽蔑されています。もっとも、そうした単純な質問に答えるのは楽ですから、執行部は、内心はほくそえみつつ、真面目に答えるのです。鋭い「問い」を立て、執行部に「考えます」「検討します」といわせるのが弁舌の力です。言葉こそ議会人の命ではないでしょうか。

発言しない議員の存在

この点で看過できないのは発言しない議員が存在することです。任期の四年間一度も発言しない議員もいるといいますが、にわかには信じがたい実態です。開会から閉会まで、発言した議員のすべての言葉は議事録に記載され、記録として残ります。ただし、ヤジなどの不規則発言は議事録には記載されません。差別発言や他の議員や執行部への侮辱など不穏当な発言は、本人からの申し出か議長の命令により訂正・取り消しができます（ただし取り消しても懲罰を免れない）。発言しなければ、議会で議員活動したことにならないのです。

発言しない議員が本当にいるなら、そんな議員は、居ても居ないのと同じですから、次の選挙では落選させなければならないのではないでしょうか。世間でいう「ノーワーク・ノーペイ（労働無くして報酬無し）」の原則に照らせば、「タックス・イーター」（税金泥棒）ということになりかねないからです。

事前質問通告の慣習

事前質問通告の慣習は、どういう都合に由来しているのでしょうか。所信を表明し政策提案する執行部側からすれば、それが修正されずに議会を通過してほしいと願うでしょう。執行部側は、議員から何を聞かれても答えられる準備をして無修正で可決してもらおうとします。ですから事前に質問の内容・意図を知っておきたいのです。住民などが傍聴する本会議場において、質問や答弁のやり取りが中途半端に終わらないためにも執行部側は答弁するための資料を準備するのです。

質問対応に十分な備えをするためには、執行部側は、平素から、議員、とりわけ有力と目されている議員、うるさ型と目される議員への接触を保ち、その意向を施策に反映させるなど、いわゆる「顔を立てる」配慮をすることもあるのです。その結果、執行部の議会対策とはしばしば日常的な議員対策と同義語になります。時には飲食を共にすることさえあるといいます。

また、提出議案の主旨と内容をあらかじめ議員に理解してもらうため、全員協議会という場が利用されることもあります。これは「ゼンキョウ」と略称され、議会の運営や案件について全議員で相談する場になるのですが、事前に執行部から重要案件に関する説明を受け、若干の質疑応答も行われることもあります。ときには、重要案件に関し議員の意思を確認することもあるといいます。これが議案の「事前審議」になってしまうと、議会審議が骨抜きになる可能性も出てきます。

事前質問通告制は執行部に有利に作用するものといえますが、これをやめると、執行部側が答弁を用意できず、答弁を故意にはぐらかされる可能性も出てきます。専ら質問する側の議員からしても、自分たちで企画・立案したものではない議案について、何をどう聞いたらよいか判りにくいし、執行部側の答えが適確であるかどうかとっさには判断しにくいのです。そこで、予め、質問内容を知らせ、それに対する大まかな回答を知っておきたいと考えやすいのです。中には、自分が質問する内容を内緒で執行部の幹部職員に頼む議員もいるといいます。

質問と答弁が準備され、しかも一括質問・一括答弁という形でまじめに演じている議会審議の光景は、傍聴席で見聞きしている住民にとっては、これは一種の「やらせ」ないし「八百長」に映るのです。もちろん議員たちも執行部側も、型通りに、真面目に言葉を交わしているのです。これも演技を伴う政治的な振る舞いの一場面かもしれません。

不思議な「討論」の意味

質疑が終結すれば次は討論です。議長が「討論は省略します。直ちに表決にします」というように討論を省略することは許されません。討論は、議員が議題に対して自己の賛否の意見を述べることで、表決の前提となるものです。議員が交互に意見を述べ、相手の意見に反駁し批判することで、聞く人に論点を明らかにし、判断しやすくすることが本来の討論というべきものです。議員同士が相手に反駁できるのは討論だけですから。

ところが、自治体議会の討論とは、お互いに議論を交わし合うことではなく、議案に対する賛否の理由を述べることにより、自分の意見に賛成・同調することを他の議員に求めることなのです。議会は「言論の府」などと呼ばれていますが、討論とは議案に対し賛成か反対かについて自分の意見を表明する場になっています。討論といっても、同僚議員の意見は聞いていませんから、それぞれがもっぱら自分の意見を言い張っているだけで、実際には議案処理の手続きとして儀式化しているのが実態に近いのです。

会派制をとっている多くの自治体議会では、討論は会派の代表者が行っているところがほとんどです。また反対意見がない場合、賛成のみの討論は省略して行わない議会もあります。議会によっては、各会派の賛否とその理由が明らかになるよう討論を積極的に行うことを議員間で申し合わせているところもありますが、どの会派や議員がどんな考えをもって採決の意思表示をするかを知るためにも討論は活発に行われるべきです。ですから、首長提案の議案について賛成討論をする際に、首長側が用意した原稿形式の資料を読み上げることなどあってはならないのです。

各議員の採決結果は必ず公表を

議案の内容により、提出された後、質疑や討論を経てすぐ（当日か翌日）に本会議で採決するものと、議案を委員会に送りそこで詳しく審査するものがあり、前者を即決、後者を付託と呼んでいます。議会では比較的軽易な議案や人事案件、契約の締結などの議案は即決とし、予算、決算、条例の制定・改廃などは付託にしています。

付託された議案はそれぞれの担当の委員会（常任委員会）で審査されます。内容によっては全議員が委員となる特別委員会を設置して審査をすることもあります（予算特別委員会など）。委員会では執行部の担当者から説明を聞き、質疑応答を行い、時には現場視察をして詳しく審査します。本会議において委員会での審査結果を委員長が報告し、その後、全議員で採決する。議長が表決を取ることを採決といいますが、起立表決では「可とする者」が起立します。表決には条件は付けられませんし、訂正することもできません。

表決とは各議員が賛否の意思を表明することです。議案に対する可否の表明は最も重要な議員の本務であるといえます。ですから、どの議員がどういう案件にどのような表明をしたかは記録にとられ、必ず公表されるべきです。会派ごとの賛否は示していると言い訳をして、各議員の表決の結果を公表していない議会は議会の名に値しないといわざるをえません。これこそが議員としての最も基本の活動記録であるからです。

さらにいえば、表決について「会派が決めたから」という言い訳がされることがありますが、合議体としての議会のメンバーの一人として、議会が何を決めたのか、それについて自分はどう考えて態度を決めたのかを明確に説明できなければならないのです。

8　4　議会を通年会期型にする効用

自治法では「普通地方公共団体の議会は、定例会及び臨時会とする。」（一〇二条一項）こととなっていました。どこの議会でも、年四回の定例会（三、六、九、一二月が通例）と臨時会があり、定例会では初日に議案が上程され、休会し、一定の議案の精読期間が設けられるのが通常です。三月の定例会は予算議会（次年度予算審議決定）、九月の定例会は決算議会（前年度の会計の決算の審査認定）となっていました。

しかし、二〇一二（平成二四）年に自治法が改正され、一〇二条の二として「普通地方公共団体の議会は、前条の規定にかかわらず、条例で定めるところにより、定例会及び臨時会とせず、毎年、条例で定める日から翌年の当該日の前日までを会期とすることができる。」（一項）こととなりました。

◆通年会期制導入の理由

実は、二〇一二（平成二四）年改正で通年会期制の導入が可能になったのは、議会の招集権問題への国の暫定的な対応だったのです。議会の招集権が首長に専属していて議長にないのですが、その理由は議会審議の案件のほとんどが執行機関から提案されているからだそうです。納得しにくい理由ですが、招集権が首長にあるとしても、通年会期にして、年度当初に首長が議会を招集すれば、その後は、随時、議長が会議等を開会できます。通年会期制にして、隔週の定例日に本会議を開くなどの運用も可能です。

この一〇二条の二が加えられた主たる理由は、議会の活動能力が常時担保されることで、議会機能の強化と議会運営の充実が図られ、二元的代表制の下における議会の役割をよりよく遂行できるようにすることでした。

具体的に、①議会の判断による本会議の随時の開催が可能となり、専決処分が減少するとともに、緊急を要する案件にも迅速に対応できること、②十分な審議時間を確保することが可能となり、議案審議の充実や議員による政策提言等の機会の増加につながることでした。通年議会採用のねらいは、議会を常に活動可能な状態にしておくことであり、年間を通じて常に会議を開くことではありません。

二〇一二年九月以降、大阪狭山市、新潟県柏崎市、滋賀県大津市、北海道根室市、東京都荒川区、北海道日高町、石川県津幡町、北海道森町、福岡県川崎町、熊本県あさぎり町、栃木県の各議会などで通年議会を採用しています。

通年議会の意義――専決処分との関係

なんといっても、通年議会と首長による専決処分の関係が重要です。全国市議会議長会の調査では、専決処分（自治法一七九条）の議案別件数（二〇一二（平成二四）年一月一日～一二月三一日）を見ると、総数五、一九九件のうち、審議結果はすべて承認であり、専決理由は四、八三六件が「議会を招集する時間的余裕がない」であり、その他が三六三件であったとされています。

コラム　通年型議会

二〇一二（平成二四）年以前から、いくつかの自治体議会では通年型を採用していました（北海道白老町、宮城県蔵王町、北海道福島町、長崎県壱岐市、愛知県豊明市、三重県四日市市、長崎県、三重県、神奈川県、大阪府、群馬県の各議会）。二〇一四（平成二六）年三月、長崎県議会は、二〇一三（平成二五）年度いっぱいで「通年議会」を廃止することを決めました。長崎県議会では、二〇一二（平成二四）年三月、多数を占めていた民主党中心の連立会派が多数決で通年議会導入を決めていました。しかし、二〇一三（平成二五）年二月の県議補選の結果、自民、公明が過半数を占めることになり、廃止論が急浮上し本会議で廃止案が可決されたのです。どうやら「政党・会派間のさや当て」が通年議会廃止の背景にあったといわれます。

◆専決処分――四つの「とき」

本来、議会が議決すべき案件を、首長が議会に代わってその判断で決め処理することを専決処分といいます。自治法一七九条で四つの「とき」を規定しています。

①　議会が成立しないとき（在任議員の総数が議員定数の半数に満たない場合）。

②　一一三条ただし書の場合においてなお会議を開くことができないとき（出席議員の数が議長の外二名を下る場合）。

③　長において議会の議決すべき事件について特に緊急を要するため議会を招集する時間的余裕がないことが明らかであると認めるとき（二〇〇六（平成一八）年改正）。

④　議会において議決すべき事件を議決しないとき。

首長が行った専決処分については次に開かれた議会に報告し、承認を求めなければならないことになっています。なお、議会が首長に任せた場合（議会の権限だが軽易な事項）の専決処分については報告で足りるとされています。

◆専決処分と議会の承認

専決処分について議会の承認が得られない場合はどうなるのか。議会の承認が得られなかった場合でも当該処分の効力には影響がないとされています。なぜならば、自治法一七九条による専決処分は、議決機関である議会がその本来の任務を果たし得ない場合又は果たさない場合に首長が補充的に議会に代わってその機能を行うものであり、また時間的に余裕がないために処分するものであるからです。

したがって、議会の承認が得られないために処分が無効になるとすれば、すでに行われた処分に関係する者の利益を害し、行政の安定を損ない、当該処分の目的を達成することも不可能となる場合も考えられるからだとされています。

◆副知事または副市町村長を専決処分では決められない

専決処分について規定している自治法一七九条には「ただし書き」があり、「ただし、第百六十二条の規定による副知事又は副市町村長の選任の同意……については、この限りでない。」となっています。これは、副知事または副市町村長について首長が専決処分では決められないという意味です。

この背景は、鹿児島県阿久根市の竹原信一市長が議会を招集せず、副市長選任など一九件にも及ぶ専決処分を連発し、鹿児島県知事による議会招集及び専決処分の撤回を求める助言や是正勧告にも応じなかったため、このただし書きによって首長の専決処分の行き過ぎに待ったをかけたのです。阿久根市の事例は、招集しても議員が集まらないから専決処分だというのではなく、そもそも議会を招集していなかったのであり、招集をしていないこと自体が違法でありました。首長に専属する議会招集権を首長が行使しなければ議会活動自体が不能に陥るからです。

◆「暇がないとき」

ちなみに、二〇〇六（平成一八）年の自治法改正により、首長の専決処分に関する規定の「暇がないと認めるとき」を「議会の議決すべき事件について特に緊急を要するため議会を招集する時間的余裕がないことが明らかであると認めるとき」に改められました。専決処分自体は、例えば災害時に応急措置をしなければならないとか、議会を招集しても議員が集まらないとか、実質的に「議会を招集する暇がない」場合が存在する以上、法の規定自体を削除することはできないでしょう。しかし、制度本来の趣旨に即した要件の明確化を図るべきとしたのです。これは明らかに専決処分の発動条件を厳格化したものです。

「暇がないとき」の判断は個別具体の例により異なり、その判断を首長一人に委ねるのではなく、議長と首長の事前協議を義務付けることで解決すべきでしょう。これは二元代表制の運用問題でもあります。「議会を招集する時間的な余裕がない」ときの専決処分（例えば税条例の改正）を回避し、議会審議を行える工夫として、通年議会を採用する自治体が出てきたのです。

通年議会のメリット

◈税条例の改正

通年議会にすれば、「議会の議決すべき事件について特に緊急を要するため議会を招集する時間的余裕がないことが明らかであると認めるとき」（自治法一七九条一項）という要件を適用する必要は基本的にはなくなります。特に三月三一日までに議決を要する税条例の一部改正について、国からの正式な通知が、例年、午後からであり、議案の提案、委員会付託、採決等の手順を考えると、審議が夜まで及ぶ可能性があります。また、三月三一日が土・日曜日に当たることも考えられますが、専決処分ではなく議会を開会するができます。何より、税条例の改正のように住民に義務を課すような案件を議会審議なしに首長の専決処分で決めることを許容しているのは議会の存在理由にかかわる問題なのです。通年議会は、この問題への有効な対処方策でもあるといえます。

◆緊急事態への対応

また、通年議会にすれば、大規模災害など緊急事態に対応しやすくし、議会を招集する時間がないなどとして議会の承認を経ずに予算が決まる専決処分を少なくすることができます。ちなみに、東日本大震災の時、ほとんどの議会が緊急事態だとして一般質問を中止した議会が多かったのです。自然災害の多いわが国では、通年議会になれば、緊急時に一旦休会にして、落ちついた頃に再開することができるのです。

災害時の議会対応

東日本大震災の時には、避難所には大勢の人が殺到しましたが、庁舎が破壊され、住民基本台帳などの名簿も喪失したところもあったため、誰が避難所に来ているのか、この人は誰なのか、という確認は困難を極めました。日常から地域内をくまなく歩いて知っている議員だからこそ、安否確認の役目を果たすケースが数多くみられました。ごった返した避難所運営を取り仕切った議員もいました。

他方、こうした大災害時、各議員のバラバラの動きがかえって執行部の動きの妨げとなり、「こんなのときに議員は一体なにをしているか、議会が見えない」といった批判もありました。災害時における議会・議員の行動のあり方をルールとして決めておく必要があります。

◆災害対策本部との関係

大災害の被災自治体では、災害対策基本法に基づき、災害対策本部が設置され、避難誘導や減災対策、発災後の復旧計画の作成や復旧活動などに全力で当たることになっています。

都道府県災害対策本部の場合は、知事が、都道府県地域防災計画の定めるところにより本部を設置し、本部長に就き、本部には、副本部長、本部員その他の職員が配置されます。市町村災害対策本部の場合も、これと同様の規定となっています。共通しているのは、災害対策本部に、議長など議会側からメンバーに加わることが予定されていないことです。

災害対策本部に対して、各議員が個々に要請等を行えば、対策本部も議会の対応も混乱することが懸念されますから、議会と対策本部との間の情報提供や要請を一本化する必要があります。

◆災害対応マニュアルの整備

そのためには、議会議員連絡本部を要綱で設置し、災害に係る情報の収集、執行部への情報提供及び要請に当たる必要があります。災害対策本部員会議に県議会からオブザーバーとして参加する方策も考えられます。多くの市町村でも、議会災害対策本部設置規程と対応マニュアルを整備しています。これによって全議員が所属委員会ごとのグループ行動で、被災地域や避難所、病院、道路港湾などの実態把握と被災住民の聞き取りを行い、把握した情報を災害対策本部会議で報告し、対応策を執行部側に直接提案することができます。マニュアルを事前に作成し議員全体で確認し備えておけば、万が一の災害時に、議員として何すればいいのか迷うことが少なくなります。

第9章　議会と首長とは、どんな時に対立するのか

◈二元的代表制に内在する対立の契機

議会の議員と首長が直接別々に選ばれるということは、それぞれが、住民に対して、直接、責任をとる立場にあることを意味しています。そこで、どちらが住民の代表機関としてよりふさわしい振舞いをしているかを行動で示すことになるのです。

自治体運営において、この二つの機関は、しばしば車の両輪といわれます。どちらかが故障を起こせば自治体運営が成り立たないほど密接な関係にあることのたとえです。この二つの代表機関は、競い牽制し合いつつも協力し合って住民にとって最良な意思決定を行っていくのが基本任務なのです。

ところが、密接であるが故に両者が反目し合うことも起こりうるわけです。反目が起こるのは、むしろ二元的な代表という制度自体に起因しているともいえます。ある人を首長に選んだ民意と一定数の顔ぶれの議員を選んだ民意との間にズレが生じうるからです。そのズレは、民意が、いずれかの代表機関の振る舞い方へ反省を求めている証拠かもしれません。例えば、無軌道な首長と常識ある議会、旧態依然の議会と改革志向の首長といった具合に。

しかし、両者の関係がぎくしゃくし、対立が強まれば、自治体としての意思を確定できず、行政が停滞して、地域の将来や住民の暮らしを危うくしないとも限りません。日頃から、両者間で意思疎通を密にして、折り合いをつける必要があります。二元的代表制の運用には、それなりの工夫と努力が不可欠なのです。以下、議会と首長が対立する場合について検討しておきましょう。

9-1 予算案をめぐる審議と対立

自治法一一二条一項によると、議員定数の一二分の一以上の者の賛成があれば、議会の議員は、「議会の議決すべき事件につき、議会に議案を提出することができる。」のですが、これにはただし書きがついていて、「予算については、この限りでない。」とされています。また、常任委員会、議会運営委員会及び特別委員会は、「議会の議決すべき事件のうちその部門に属する当該普通地方公共団体の事務に関するものにつき、議会に議案を提出することができる。」とされていますが、ここにもただし書きがあり、「予算については、この限りでない。」とされています（自治法一〇九条六項）。

コラム　議員の議案提出要件がどうして一二分の一以上なのか

なぜ議員定数の一二分の一以上なのか。これは、一九九九年（平成一一）年の分権一括法に包摂されていた改正自治法で定められました。この改正では、人口二千未満の町村については、議員定数の上限を一二人に改めましたが、それに合わせて、議員の議案提出要件を「八分の一以上の賛成」から「一二分の一以上の賛成」に緩和したのです。定数一二人の議会では議員一人でも議案を提出することができるわけです。

議員と委員会に議案提出権が認められているのですが、予算案はそれから除外されています。一般的には、自治法九七条二項で「議会は、予算について、増額してこれを議決することを妨げない。」としつつも、ただし書きで、「長の予算の提出の権限を侵すことはできない。」と明定しているのです。首長の予算編成権は自治法によって守られているといえます。

予算はお金に裏付けられた政策の束であるいえます。この予算の編成は、議会ではなく首長が行うのです。

なお、予算を伴う条例案を議会側から出せないのではないかという見方があります。自治法二二二条一項「普通地方公共団体の長は、条例その他議会の議決を要すべき案件があらたに予算を伴うこととなるものであるときは、必要な予算上の措置が適確に講ぜられる見込みが得られるまでの間は、これを議会に提出してはならない。」とあるのが根拠規定であるとされています。

ここには、議会が予算を伴う政策条例を提出してはならないとは書かれていません。ただし、予算を伴うような条例を議会側が考える場合は、当然ながら全体の予算と関係しますから、執行部（特に財政担当部局）と事前に相談する必要があります。予算を伴うような条例を出しても、とても執行できないようなものでは困るからです。しかし、予算案ではなく、予算を伴うような条例案を議会が提案できないというのは誤った固定観念です。

首長に専属する予算編成権を前提にして議会が予算案の審議をするのですから、勝負は最初からついているようにも思えますが、これに対して議会側が対抗する手段がないわけではないのです。

コラム　予算の類型

予算は、会計上、一般会計と特別会計に区分されています。一般会計は、自治体の会計の中心をなすもので、その行政運営の基本的な経費を網羅して計上した会計のことで、特別会計で計上される以外の全ての経理は一般会計で処理しなければならないとされています。特別会計は、自治体が特定の事業を行う場合、特定の歳入をもって特定の歳出に充て、一般の歳入歳出と区分して収支経理を行う会計のことで、その設置は法律や条例の規定によっていて、例えば国民健康保険会計、後期高齢者医療会計、介護保険会計、水道事業会計、下水道事業会計などがあります。

予算は、また、成立事情によって区分されています。当初予算は、年度開始前に年間予算（年度内の総収入と総支出を見積もったもの）として編成し、議会で議決・成立した基本的な予算のことで「通常予算」とか「本予算」ともいわれます。補正予算は、予算調製後に生じた事由に基づき、既定の予算（当初予算等）に、追加その他の変更を加える必要が生じた時に編成される予算をいいます。暫定予算は、予算が年度開始前までに成立する見込みのない場合、その他特別の必要がある場合に、年間の予算が成立するまでの間、暫定的なものとして編成されるもので、一会計年度の中の一定期間に係る予算のことです。

さらに、ある年の三月に首長と議員の任期が満了となる場合、四月からの当初予算は、義務的経費を中心に編成しますから「骨格予算」と呼ばれ、政策的経費は補正予算対応となり「肉付予算」と呼ばれています。

予算とは、自治体の一定期間（一会計年度）における収入と支出の見積りであり，行政がどのような形で行われるか具体的に表現し一覧表（予算書）にしたものです。この予算は、首長が調製して議会に提案し、毎会計年度の開始前に議会の議決を経て成立します。予算の「調製」は執行機関の内部における要求と査定の積み上げ（各部課→財政課→首長）になっており、政策の選択と技術的な計数作業を伴っています。

議会に提出される予算書には、歳入歳出予算といって収入及び支出が計上されていますが、歳入歳出とも、「款・項・目・節」の科目から成り立っています。歳入は、性質に従って「款」に大別し、「項」に区分しています。歳出は、その目的に従って「款」「項」に区分しています。この予算の「款」「項」が議会の議決の対象（議決科目）となるのですが、首長が予算案を議会に提出するときには、予算に関する説明書として「目」「節」別の「予算事項別明細書」を付けるのが通例となっています。これによって、どんな経費がいくらついているかが分かるわけです。

予算原案の修正と否決

予算案の編成・提案権は、首長に専属しています。一方で議会には予算の「決定権」があります。首長が練り上げた予算案も、議会の議決を得ない限り、正式な「予算」として成立しません。実際に政策実現とは予算をどこにつけるかということにほぼ等しいといえますから、予算編成権を持っている首長の権限は大きいといえます。しかし、それは、議会が承認しない限り執行できないのです。

そこで、議会が首長の予算案を納得できない場合は、どうするのか。大きく、三つの対抗手段が考えられます。

一つは、修正案の提出です。修正案とは、議会側が具体的な項目の増額・減額を提案し、新たな予算案（修正案）として議決にかけるものです。この場合は、首長が提出した予算原案と、議会側が提出した予算修正案の二つが採決にかけられ、通った方が当該年度の予算として成立することになります。ただし、予算原案の修正には、自治法上の制限があります。

◆予算原案の増額修正

増額とは、予算案全体を増額する場合と全体としては増額しないまでも各款項を増額する場合を含んでいます。この修正が、首長の予算提案権を侵すことになるか否かについては、当該増額修正をしようとする内容、規模、当該予算案全体との関連、当該自治体の行財政運営における影響度等を総合的に勘案して、個々の具体の事案に即して判断することとされています。

一般的には、議会に提出された予算案に新たな款または項を加え、継続費、繰越明許費、債務負担行為等に新たな事業・事項を加えることは、原則として予算発案権の侵害に当たるとされており、また、補正予算案の増額修正については、既定予算のうち、補正の対象とされていない部分については修正することができないとされています。

しかし、予算発案権の侵害になると解されている増額修正についても、首長と議会の間で調整がつくならば可能であり、したがって、同じ内容の増額修正でも、自治体により、予算案の趣旨を損なう増額修正であるかどうかの結論が異なりうるのです。

◆予算原案の減額修正

減額修正には増額修正におけるような制限はなく、議会は自由に修正することができます。ただし、減額修正の対象となるのは首長により提出された予算案であって、例えば、補正予算案の減額修正については、増額修正の場合と同様、原則として補正の対象とされていない部分については修正することができず、発案された補正予算案に関する部分のみ修正が可能とされています。

また、いわゆる義務費（法令により負担する経費）、法律の規定に基づき当該行政庁の職権により命ずる経費（道路分担金等、権限ある行政庁がその職権に基づいて普通地方公共団体に負担すべきことを命じた経費）、その他の普通地方公共団体の義務に属する経費（一部事務組合の分賦金、契約代金、損害賠償債務に基づく弁償金、起債償還金等の私法上の原因による債務、給与条例に基づいて職員の身分を有するものに支給すべき給料、その他条例の定めるところにより、当然支給を予定されているもの等、議決の時点ですでに支出すべき義務が確定している経費）については、その経費負担が義務付けられているものであり、減額することとは妥当な措置とはいえないとされています。

◆義務費の減額修正

減額修正された予算案の全額が義務費からなっている場合は、首長は原則として再議（一八二頁コラム参照）に付さなければならず、また、予算案の全額が義務費でなく主たる部分が義務費で占められている場合も、再議に付す義務があるとされています。

しかし、義務費が減額された場合であっても、具体的に義務付けられている負担額が明らかな場合はともかく、費用を負担することは義務付けられているが、その額が確定していない場合または特定の事務を行うことが義務付けられているにすぎない場合は、その最低限必要な負担額以下に減額されまたは特定事務の処理が現実に支障をきたす額にまで減額されて初めて再議に付す必要が生じることとなるとされています。

義務費について再議に付した後、議会が再度否決した場合には、首長はその経費及びこれに伴う収入を予算案に計上してその経費を支出する、いわゆる原案執行が可能となっています。

首長は議会の修正議決に異議がある場合には、これを再議に付すことが可能であり、特に修正された予算が執行不能の場合や義務費の減額の場合には再議に付さなければならないことになっています。

予算組み替え動議

もう一つは予算組み替え動議です。これは、首長側に予算案を作り直して再提出することを求めるものです。例えば、「○○の予算はおかしいから削除せよ」とか「××事業が入っていないから、そこに予算をつけよ」というように具体的な要求とともに提出されるのが通例です。

ただし、議会で組み替え動議が議決されたとしても、これには法的な拘束力はないとされています。しかし、組み替え動議が過半数の賛成で可決されたということは、首長の原案が過半数の反対で否決されたこととほぼ同義ですから、首長側はその決定を尊重していったん予算案を引っ込め、ある程度議会側の言い分を取り入れた予算案を出し直すことが一般的といわれています。

予算原案の否決

さらに、首長原案の否決ということがあります。実際に、首長が提案した予算案を議会が否決するのは重大な事態です。当初予算案の否決は、首長と議会の対立を背景とする場合がほとんどです。首長側の説明不足ということもありますし、議会側の首長不信任という思惑もあるかもしれません。

自治法一七六条によれば、首長が議会の議決について異議があるときは、その議決の日（予算に関する議決については、その送付を受けた日）から一〇日以内に理由を示してこれを再議に付することができるとされています。しかし、予算案が否決された場合は、その予算案は対外的な効力を有しません。つまり執行上、まったく効力を有しないことになるのです。ですから、予算案の否決に対し首長は自

コラム　再議制度とは

再議制度とは、首長が、議会の議決又は選挙等に異議がある場合や、不当又は違法と認めた場合に、これを認めず、再度の審議及び議決を求めることができる制度であり、首長の拒否権（veto）とも呼ばれています。

再議は、一般に一般的拒否権と特別的拒否権に区別されています。一般的拒否権とは、首長と

議会との間の政策的判断の差異に関して首長がなし得るものであり、予算の議決においては、その議決の内容に対して異議があるときに首長は再議に付すことができます（自治法一七六条一項）。しかし、再度の議決によって当初と同一内容の議決を出席議員の三分の二以上の同意により行った場合は、首長はその議決に拘束されることになっています。

特別的拒否権とは、議決や選挙に瑕疵がある等の一定要件に該当する場合に、首長に再議に付す義務があるものを指します。

① 首長は、議会の議決または選挙が権限外のものであり、法令や議会規則違反のものであると認めたときは、理由を示してもう一度審議を行うよう差し戻し、あるいは再選挙を行わせることができる。

② 議会の予算案審議の結果が収入ないし支出の執行不可能と認めたときは、理由を示して差し戻すことができる。

③ 法令で負担が義務付けられている経費（例えば生活保護費）や、自治体がその義務として負担しなければならない経費（例えば損害賠償費用）を削ったり、減額したりする議決を議会が行った場合、首長はこれを差し戻すことができる。

④ 災害応急復旧施設費や伝染病予防費などのような重要な経費を削減・減額したりする決議を議会が行った場合には、首長はこれを差し戻すことができる。

治法一七六条による再議に付すことができないのです。

ただし、予算案が否決された場合、その中に義務費を一切含まないということはまずありませんから、首長は、自治法一七七条によって再議に付すことはできるのです。けれども、首長側は、否決という事態を受けて、改めて修正案を作成し提出し直すとか、時間的な余裕がない場合は暫定予算案を編成し提出するといった対応策を講ずることもあるのです。

もっとも、否決された当初予算案を首長が修正せずに再提案することがあります。議会で否決された当初予算案について、審議などの中で修正すべき箇所を見出すことができないとして、同じ予算案を再提案すれば、議会側は「横暴の表れだ」として再び否決することがあります。そうすると首長は当初予算案を専決処分することになります。専決処分については、専決処分は、議会の承認が得られなくてもその効力に影響はありませんが、自治法一七九条四項の規定により、首長は速やかに、その専決処分に関して必要と認める措置を講ずるとともに、その旨を議会に報告しなければならないとされています。

こうした事態にまで発展する背景には、首長の政治姿勢や議会対応に関して、議会が「辞職勧告決議」をするといった対立があり、結局、次の首長選挙による決着ということになります。

9 2 人事案件と議会の同意

予算の否決と同様、議会と首長が対立する典型的ケースとして首長提案の人事案件があります。人事案件というのは、首長が議会の同意を得て選任または任命する人事に関し議会に提出する議案のことです。主なものに副知事（副市町村長）、教育委員、監査委員などの人事です。以下では、しばしば報道される副知事・副市町村長の人事の不同意について説明しておきます。

◆副知事・副市町村長の人事案件

自治法一六一条一項は、首長の補助機関として、「都道府県に副知事を、市町村に副市町村長を置く。」としていますが、ただし書きで、「条例で置かないことができる。」ことにもなっています。副知事及び副市町村長を何人置くかは条例で定めています。

副知事・副市町村長を置くならば、首長が、「議会の同意を得て」選任します（一六二条）。副知事及び副市町村長の選任に議会の同意が必要なのは、「副知事及び副市町村長は、普通地方公共団体の長を補佐し、普通地方公共団体の長の命を受け政策及び企画をつかさどり、その補助機関である職員の担任する事務を監督し、別に定めるところにより、普通地方公共団体の長の職務を代理する。」という重要な役職であるからです（一六七条一項）。

副知事・副市町村長は、議会同意人事であり、しかも役所の内外から起用できますから、その人事は首長の「自由任用」ないし「政治任用」であるということができます。その任期は首長の任期と同じく四年ですが、任期中でも解任できます。

副知事・副市町村長は首長の補助機関とされていますが、相応の権限を有し、一般職の補助機関と同一視できない重要性をもっています。首長に事故があるとき、または首長が欠けたときは、副知事または副市町村長がその職務を代理することになっているからです。具体的には、首長が病気で入院する、逮捕される、海外訪問などで容易にその意思決定ができない状態になるなどしたときに、職務代理者として首長の代わりに自治体を代表して職務を行うのです。

だからこそ、その副知事および副市町村長は、首長が議会の同意を得て選任することになっているのです。それは対議会対策上も重要人事となっています。誰を副知事・副市町村長に選ぶかは首長自身のイメージと評判にもかかわってきます。

議会側の同意をとりつけることが選任手続きの一環となっています。同意権を有する議会だけに、首長が無事に議会を通したいと考えるのは自然です。しかし、この人事案件が必ず通るとは限らないのです。人選と同意をめぐる駆け引きも行われますし、対立に発展することもあるのです。

ナンバー・ツーの地位にある副知事・副市町村長は、もともと、首長の職務を代理できるだけの人物であるとみなされ、しかも、議会との関係をふくむ政治情勢によっては、現職の知事・市町村長の対抗馬になりえます。副知事・副市町村長の任期は四年となっていますが、首長は、任期中においても、これを解任することができますから、副知事・副市町村長が自分の意見と食い違い、あるいは自分の地位を危なくすると思われる素振りを示せば、実質的に「排除」できなくはないのです。ただし、そうなれば政争になる可能性があり、解職人事には慎重にならざるをえないのです。

◆議会の不同意

副知事・副市町村長の人事について議会の同意が得られず首長が苦労することがあります。副知事・副市町村長を一人置くこと自体に議会が反対することはまずないのですが、その一人に誰を充てるかでもめるのです。議会不同意ケースの典型は、首長選挙において議会多数会派が当選首長と争い、そのときの対立感情がもち越され、首長提案の副知事・副市町村長人事を議会側が拒否する場合です。例えば知事と議会の多数派とが対立し、「オール野党」の場合、副知事、副市町村長を選任できない事態が起こりうるのです。

かりに議会多数会派の意に沿わなくとも、民意の審判の結果として首長が選ばれ、その首長が特定の人物を自分の最高補佐役にしたいと提案しているのです。その人物によほどの問題がなければ、選挙で敗北した腹いせに、首長を困らせるような同意拒否は議会人にあるまじき行為ではないかといわれかねません。

もちろん、ときには提案されている人物がその任にふさわしいかどうか疑問だということもあるでしょうが、不同意の「真意」がその人物の不適格性にあるのではなく、提案者が選挙の時に支持しなかった首長であるからという場合は、「さらしもの」のようになる候補者は気の毒です。やや時がたって、首長との対立が緩和され、あるいは何らかの形で妥協が成り立てば、いったんは拒否された人物を同意することがあるのも、そうした「真意」を裏付けているといえます。

人事発案権のない議会側が特定人物の選任を内々に首長に認めさせようとし、それを首長が認めなければ不同意だという場合もあります。他方、ときに、首長側が議会幹部に電話で事前通告するといったケースもあり、その姿勢は「相談」ではなく「提案すれば必ず通る」、「議会は否決できない」という横柄さを感じさせることがあり、しかも、事前にマスコミに人事案を漏らすこともあります。そのようなやり方は議会軽視と受け取られ、人事案は簡単には通りません。議会承認の重要性と手順とを軽視すれば議会側の反発を招くのはむしろ当然だからです。

９―３　のっぴきならない対立――首長不信任と議会解散

議会と首長の対立が極まると、議会側が首長不信任を突きつけ、首長が議会解散で応ずるといったことも起こりえます。首長が辞めれば首長選挙になり、議会が解散されれば議員の選挙になります。いずれにしても、選挙で民意に問うことによって対立を解消する以外にないのです。この点では住民自治が前提となって二元的代表制が成り立っているといえます。

◆応急等災害再議

自治法一七七条によって、議会が非常の災害に因る応急もしくは復旧の施設のために必要な経費又は感染症予防のために必要な経費を削除し又は減額する議決をしたときは、首長は、その経費及びこれに伴う収入について理由を示して再議に付さなければなりません。

　この災害応急等再議については、議会が過半数で再議決をすると首長不信任議決とみなされます。実際には、ここ半世紀以上にわたって、こうしたケースはありません。そこで、この再議については義務費再議と同様、原案執行権に統一してはどうかという意見があります。

◆首長の失職

　自治法一七八条によって、議会において、議員数の三分の二以上の者が出席し、その四分の三以上の者の同意によって首長の不信任の議決をしたときは、首長は、その通知を受けた日から一〇日以内に議会を解散することができます。もし、一〇日以内に議会を解散しないとき、またはその解散後初めて招集された議会において再び不信任の議決（議員数の三分の二以上の者が出席し、その過半数の者の同意が必要）がなされると、首長は失職します。

　この議会と首長の関係は、議院内閣制を採っている国の場合に似ています。日本国憲法六九条は「内閣は、衆議院で不信任の決議案を可決し、又は信任の決議案を否決したときは、十日以内に衆議院が解散されない限り、総辞職をしなければならない。」と規定しています。ただし、自治体の場合は、「不信任の議決」の規定はありますが「信任の決議」の規定はありません。これは首長が議会から選出され議会に対して責任を負うものではなく、直接に住民から選出され、議会から独立した執行機関だからです。

　なお、首長の政治姿勢などの理由で「首長問責決議」が行われる場合がありますが、政治的には不信任の意味合いがあるかもしれませんが、これへの対抗手段として、首長が議会を解散することはできません。

◆リコール合戦

住民の投票によって首長を任期途中で解職させることはできます。議会リコールもできます。そこで、議会と首長の対立が激化すると、首長の支持者は首長支持派で議員の過半数を確保することを目指して議会リコールを仕掛けることが起こりえます。議会の多数派の支持者は、好ましくない首長をリコールして別の候補者を首長にしようとするのです。両派の支持が均衡している場合、リコール合戦になり、自治体の運営は滞ります。議会多数派と良好な関係の首長という組み合わせになるまで首長選と議員選を繰り返すことになりうるのです。これは民主制に必要なコストの一種といえるかもしれません。

第10章　議会事務局の職員をどう活用するのか

10 1 手薄な議会事務局

自治体議会は、二元的代表制の趣旨からも、監視機能を一層強化し、住民の多様な意見を施策へ反映させ、政策条例等の企画・立案機能を強化することが求められています。そのためには補助機関としての職員が必要なのですが、それが概して手薄状態なのです。

なぜ手薄なのか

ある町議会の事務局。狭い部屋に事務局職員は二人。非常勤の女性が一人。事務局長は一人で議員全員に議案の内容を説明して無事に通してもらうことが仕事で、女性職員は主に議事録作成を担当してもらっているといいます。

ある県議会の事務局。正規職員は事務局長を含めて三五人。議員一人を支える職員はわずか〇・八人の計算になります。議員の政策立案を支援する政務調査課（七人）にはベテラン職員をそろえていますが、職員一人で「常任」「特別」の二つの委員会を担当し、参考事例の収集や議員からの受託調査をこなすので精一杯だといいます。

議会事務局の職員体制は自治体によって異なっていますが、お世辞にも充実しているとはいえません。全国の自治体の中で、議員数より議会事務局の職員数が上回っているのは東京都議会のみです

（議員定数は一二七人、議会局職員定数は一四八人）。職員定員の適正化という「地方行革」のあおりを受けて、ただでさえ少ない事務局職員が減らされたりもしています。

執行機関としての首長に予算編成権を専属させ、議案提出権を与え、必要に応じて議会審議への出席を認めている体制のもとでは、議会事務局に多くの職員を配置する必要はないと考えられているとしか思えません。現行のような首長と議会の権限関係を前提とする限り、議会事務局体制を充実することは容易ではないのです。

◆都道府県と市町村とでは異なる規定◆

議会事務局は、一般職の職員によって構成される常設機関です。自治法一三八条一項では、「都道府県の議会に事務局を置く。」としていますから、都道府県の議会には、どこでも事務局が設かれています。最近は、名称を議会事務局ではなく議会局とするところが出ています。

市町村の議会については、「条例の定めるところにより、事務局を置くことができる。」（同条二項）となっており、市町村議会には、事務局が当然に置かれることにはなっていないのです。現在は、すべての市議会とほとんどの町村議会には事務局が置かれています。町村において条例により事務局を設置できることになったのは、一九五八（昭和三三）年の改正自治法以降です。

職員配置については、「事務局に事務局長、書記その他の職員を置く。」（同条三項）とされ、「事務局を置かない市町村の議会に書記長、書記その他の職員を置く。ただし、町村においては、書記長を置かないことができる。」（同条四項）となっています。

都道府県議会と市町村議会に関する、このような扱いの違いは、何に起因するのでしょうか。国から見れば、国の事務を国の通達に従って処理し、しかも市町村を包括し指導監督する都道府県の存在をより重視してきた経緯に基づく扱いというほかありません。町村議会では、事務局長ないし書記長を首長部局の総務課長に兼務させている場合さえもありました。いまは、二元的代表制の意義などといっていますが、かつては、そのような扱いはなされていなかったのです。

10 2 「議会に関する事務」とは何か

二〇〇六（平成一八）年の自治法改正までは、議会事務局の仕事は「庶務」と規定されていました。それが「議会に関する事務」に改められました。「事務局長及び書記長は議長の命を受け、書記その他の職員は上司の指揮を受けて、議会に関する事務に従事する。」（自治法一三八条七項）とされています。議会事務局の職員は、議事機関としての議会の「補助機関」として仕事をします。

自治法一〇四条には「普通地方公共団体の議会の議長は、議場の秩序を保持し、議事を整理し、議会の事務を統理し、議会を代表する。」とあり、ここに「議会の事務」が出てきます。「議会に関する事務」と「議会の事務」とは同義であるとされています。

議会の事務といえば、会議事務と行政事務に大別され、前者の例としては、本会議及び委員会の運営に関する事務、請願書等の受理、会議録及び委員会会議録の調製等が、後者の例としては、人事、会計、議場の維持管理等の事務、図書に関する事務等があげられます。

議会事務局職員には、もちろんルーチン・ワークがありますが、「議長の命」を受けて、政策の提言や立案に関する調査や原案作成に当たる仕事もあります。当然、執行部との連絡調整も必要です。最近は、政策条例の発案・企画が徐々に増えていますが、それを、十分かどうかはともかく、議会事務局職員が補佐しています。議会事務局の仕事の内容は、円滑に議事を運営することだけではなく、従来以上に監視機能、政策立案機能を補佐する調査部門、法制部門の役割が大きくなりつつあるといってよいと思います

自治体議会は「立法関係の仕事」をする議員の合議体ですが、その仕事には、条例の企画・立案も含まれています。自治体議会議員の「本業」は政策の立案・提言だといいますが、それにしては、必要な費用・人員を確保することが難しいのが現実です。それでも、「議長の命」が、職員を頼りにし激励するものであれば、職員はがんばれるのです。議長の消極的な態度が職員の「やる気」を削いでいる面があるのです。

10-3 議会事務局職員の人事

有能で有用な職員の確保

事務局職員は、議長が任免することになっています。議会は、執行機関への監視的機能を適確に遂行する上でも、首長部局から独立した専任職員を置くのが望ましいといえるのですが、なかなか難しいのです。形の上では議長によって任命されますが、そのほとんどが首長部局からの出向職員で占められています。執行機関の職員として採用された職員の中から、執行機関の人事管理の中で議会事務局の職員配置が決められています。現に議会事務局の職員が、自治体の採用試験を受けて採用された時に議会事務局の職員に配属されることを予期していたでしょうか。あるいは、人事異動に際し、議会事務局への配属辞令を喜んで受け取っているでしょうか。

議会事務局配属に当たっては、人事当局からは、議会にいったら、執行部との間に波風が立たないように、無事・無難をモットーに仕事をせよ、といった「忠告」があるともいいます。しかも、概して、二、三年勤務すれば首長部局へ戻っていくのが一般的な人事のパターンとなっています。そうした人事運営を前提にすれば、議会事務局の職員が提供できる情報によって首長部局が質疑等で苦境に陥ることが予想できるとき、「やめておこう」という自己抑制が働くことは十分ありえます。

各議会が議会改革を進め、かりに出向人事でも、「議会の事務」をやってみたいという職員が出てきて、その勤務ぶりが適切に評価されるようになれば、事態は少しでも改善されるかもしれません。もともと議会事務局職員の数は少なく、それを増やす見込みは小さいということを前提とすれば、職員構成と仕事ぶりは少数精鋭主義で行かざるをえないのです。ですから、議長は、出向人事の交渉において、「議会の事務」を担当する人材として有能で有用な職員を確保できなければならないのです。

出向人事ですから、原則、執行機関に戻ることが前提になっていますが、少なくとも議会事務局職員である間は、議会・議員のために役立っているという確信と誇りをもちうるような人事管理が必要です。事務局職員の人事権は議長にあります。誰よりも議長が職員活用についてどのような考えをもっているかが重要です。この議長の役割がもっと重視されてしかるべきではないでしょうか。兵庫県三田市の議会基本条例では、「議長は、議会運営に加え、議会の政策立案等に資する職員を議会事務局の職員として出向させるよう市長に要請するものとする。」（二三条二項）と規定しています。

議長と首長の併任人事

長野県飯田市のように自治基本条例を議会が主導して策定したところもあります。こうした制度条例だけではなく、いわゆる政策条例といわれるものを議会が企画・立案しているケースも増える傾向にあります。議会自らが条例の企画・立案をすれば、議会（特別委員会の委員長などの担当議員）は説明する側に回り、関連質問に答えなければなりません。執行部が提案してきた事案について単に質問していることがいかに楽であり、答えることがいかに大変であるかを実感することになります。そのことが立法機能に関する議員の能力を鍛えることになるのです。

議会側が条例の企画・立案の作業を進めるには、その補助をする職員が必要です。原則は、首長等の執行機関の補助を行う職員と議会の事務を補助する職員は区別され、指揮命令系統が異なっています。そこで、議会が条例の企画・立案で補助する職員が議会事務局職員以上に必要ならば、便法措置として、一定期間、その作業に従事する職員を首長と議長双方から辞令を出す併任人事を行うのです。当然、この場合は、首長側と議会側の協議と合意が必要ですが、こういう協力があってもよいのではないでしょうか。飯田市で自治基本条例を議会が企画・立案した際には、この併任方式がとられ、効果を発揮しました。

出向人事を改める方策はあるか

議会事務局の職員に関しては議長に任免権があるのですから、議会が職員の独自採用を行うことはできるのです。しかし、独自採用を行おうとすれば、自治体全体としての職員定員管理との調整が必要になりますし、採用事務が増え、あまりにも職員数が少ないことから人事の固定化による弊害も考えておかなければなりません。市町村の場合なら、一部事務組合をつくり、そこで職員を採用し、自治体の事務局間を異動させるのも一つの方策かもしれません。

議会事務局を共同設置することも可能です。「行政機関等の共同設置」にいう「等」には議会事務局が含まれているとされています。しかし、これには批判があります。そもそも、自らの自治体の意思決定を行う議会を支える事務局を外部化し、共同で事務を行うこと自体、地方自治に反するのではないかという考え方があります。また、行政部門同様「効率化」の旗の下で共同設置にしようとするならば、外部化されるがゆえに、個々の自治体の事情、これまでの慣例、個々の議員の政見等を十分把握することができないままに議会運営に関わることとなり混乱が生ずる可能性が高いし、日程の調整も困難になるという指摘もあります。議会事務局の共同設置はなかなか難しそうです。

調査・立案機能の強化

議会の開会中ばかりでなく、閉会中も議会活動の一環として議会事務局に対し、政策の立案、質問材料の収集、最新情報の調査など、いろいろな依頼が議員からあります。これを執行部の関係部課に照会する、または調査依頼をするだけでは、単なる取次ぎ役に過ぎず、その役目を十分に果たしたとはいえません。議会が執行部をチェックし、しかも独自に政策を提言できるように問合せに直ちに資料を提供できるためには、自ら調査し研究する職員の配置がなければ、とうてい不可能です。調査部を置いている都道府県や大都市の議会事務局ならともかく、一般の市町村の議会ではなかなか対応は困難であるのが現実です。

そこで、政務活動費が独自財源であることに着目して、これを使って政策の調査・立案の作業を補佐する体制を強化するため、「専門家」（弁護士、大学・研究所の関係者など）や「住民」（豊かな情報をもつ各種の運動団体リーダーなど）の支援を頼むという方式も考えられてよいのではないでしょうか。

議会図書室は必置になっています。すべての都道府県では専用図書室を設置していますが、市ではその比率は六五％程度で、町村では書架があるぐらいのところが大部分となっています。一般の市町村では貧弱な整備であるといわざるをえません。議員が本など読むのかという声さえもあるといいます。今後は、書籍・雑誌を購入するだけではなく、進むデジタル化にあわせて、議会の調査・立案活動をバックアップできる情報基盤整備が急務ではないでしょうか。すでに、議会審議では、配付資料を紙ではなくタブレット仕様に変え始めています。

議会事務局職員への配慮

◆求められる公平な対応

議会事務局の職員には、補佐する相手が議会・議員であるがゆえの苦労があります。その根本は、執行部の職員と違って、議会事務局職員にとっては、議員のすべてが、いわば上司に対するように応答しなければならないことにあります。もちろん、事務局長は議長の命を受けますし、次長以下は上司の命を受けて仕事をすることになっていますから、事務局内では上司・部下の関係になっています。しかし、議員は、住民の代表者としては、お互いに対等であるという意識が極めて強く、職員から差別的に扱われると感じると憤慨しやすいのです。職員としては、できるだけ公平に処し、すべての議員の機嫌を損ねないように心がけなければならないのです。

もっとも議会事務局職員の間にも、一般に、議員を首長との関係で与野党として区別する意識があり、与党と見なす議員には丁寧で、野党と見なす議員には冷淡であることがあり、また、何かにつけて議会の慣例・慣習に批判的で注文の多い議員には嫌悪の態度を示すことがあり、必ずしも公平さが守られているわけではないのです。しかし、建前として公平な対応をしなければならないのです。

◆職員から嫌われる議員のタイプ

人事異動で議会事務局に配属になった職員は、それも自分からは配属を望まなかった職員にとっては、議員との付き合いは苦痛であるといいます。何より、職員を手足のように見なし、横柄な態度で用事を命じ、何かにつけて威張り散らす議員が最も嫌われます。

事務局職員は議会と議員を補助するのが任務ではありますが、少数で仕事に追われている職場の実情に心配りのない議員に「泣かされる」のです。そうした場合の面従腹背（表面では平静・にこやかにしていても、内心では軽蔑・反抗している）ほど、議員と議会職員の関係を暗く冷ややかなものにする要因はほかにないのではないでしょうか。

少々の無理な注文であっても、議会活動の質的水準を高める発想と熱意が感じられ、自分たちを激励してくれるものであれば、職員はがんばれるのです。このような意味で、職員に対する行き届いた言動も議員の資質の一部であるといいたいところです。

第11章　どうしたら住民の信頼を得られるのか

11 1 住民は議員の何をウオッチしているか

◆評判は大事

なんらかの利害関心をもつ人びとが、ある人や集団に対して与えている評価を「評判」といいます。評判がよかったり、悪かったりするのは、その人や集団の振る舞い方が関係者にとって気になるからです。自治体議員が「人気者」になることはまずないでしょうが、評判は立ちますし、評判は大事です。その評判が一般によくないのであれば、振る舞い方に問題があるということになります。でも、これは、当の議員とその活動の実態を知っている上での話です。

自治体の議員が、議会で、どのような運営のルールに従い、いかなる発言をしているか、普通の住民にはほとんど知られていないのではないでしょうか。ですから、議員の選挙になっても、住民の多くは、どんな基準で、誰に投票してよいかの基礎情報さえもっていないのです。どの政党に所属し、あるいは支持を受けているかとか選挙公報に書いてあることぐらいで判断することになります。

有権者としての住民は、議員の選挙のときに、少なくとも、現職議員の働きぶり（怠けぶり）についての情報が必要です。実際に議員はどのような仕事をしているのかを住民がチェックする、その具体的手法として議員通信簿の作成と公表があります。住民グループが議会を傍聴して実名入りで議員評価資料を作成し公表することを通じて、広く有権者に情報提供すると同時に、議員に対して、その振る舞い方の改善を促す活動のことです。

◆「相模原市議会をよくする会」の『The Gallery 傍聴席』（臨時特集号）◆

議員通信簿を作成・公表してきた先駆者として「相模原市議会をよくする会」があります。この会は、不偏不党、中立の立場を守る市民の会で、会員約六〇人で活動を開始し、二〇〇三（平成一五）年二月一〇日、『The Gallery 傍聴席』を発行し、四六議員の実名入りの「通信簿」（通知表・公約編と通知表・観点編）を公開しました。それ以来、活動を続けていますが、以下では、二〇一五（平成二七）年一月三一日に「二元代表制」の視点から作成した相模原市議会議員の通信簿、『The Gallery 傍聴席』（臨時特集号）を紹介しておきたいと思います。

「二元代表制」の視点とは、次のように解説されています。「今回の通信簿は、過去三回のものとは違い、日本の地方政治の骨格になっている『二元代表制』、すなわち、ともに、市民から選ばれた加山俊夫市長と、四八人の議員からなる議会とが、緊張関係を保ちながら市政を行う『議員』一人ひとりの勤務評定です。その議会が本来担うべき主な三つの役割は①条例の制定、②予算の決定、③執行機関の監視（＝行政チェック）ですが、実情としては、①と②は議員個人というよりは党・会派による団体的な仕事であり、③こそ議員の力量を計る箇所なのです。」

そして、「率直に言って、『二元代表制』において、市長与党のスタンスを取る議員は存在価値が薄いということです。今回の通信簿ではそのことが浮き彫りに示されています。」と指摘しています。

表11－1　相模原市議会をよくする会による採点項目

大　項　目	配点	小　項　目（各5点）
1．基礎的能力	20	・基礎知識（憲法、地方自治法、財・税制） ・予算・決算書の理解／評価 ・政策立案（調査・情報収集） ・質問／説明／説得
2．行政チェック度	20	・市長の政策／予算案への評価姿勢 ・二元代表制に基づく市長との議論の有無 ・市長部局／教育委員会執行部への監視 ・改革・前向き指向性
3．公約達成度	15	・公約の有無(2011年選挙公報による) ・公約の具体性 ・公約達成努力
4．議会報告	15	・個人議会報告会の開催 ・議会報告紙の発行 ・SNS 使用・HP 解説
5．議会内態度姿勢	10	・欠席／遅刻／早退／離席／居眠り／内職 ・私語／野次
6．政務調査活動	5	・政務活動費の使途報告
7．人間性	5	・誠実／信頼／透明性
8．特性	5	・民主度／市民感覚／市民目線
9．好感度	5	・親しさ／清潔感／身嗜み／言葉使い／明るさ

（表は筆者が作成）

その上で「普段、市庁舎内で大物議員とか市長に顔が効く議員なのに評価が低く過ぎると思われるケースがあるかもしれません。また、議会内で責任ある地位（たとえば議長とか委員長）にあるからといって必ずしも高い評価がされることにはなりません。」と手厳しい指摘をしています。

「公約」をどう見たのでしょうか。「『公約』は、大げさに言えば、議員と有権者との重要な約束です。しかし残念ながら立候補者は真面目にそれを熟慮したものとは見えません。議員の任期中に完全に公約を達成したものは皆無、それどころか自分の公約を忘れ、一度も触れた発言すらしていない議員もいます。」と指摘しています。

各議員に対し、「二〇項目を自己採点して今回の通信簿の結果をじっくり見ていただきたい」と問いかけています。

採点は、**表11―1**にあるように九大項目・二〇小項目により、議員ごとに行い、二〇小項目各五点満点で合計、最高を一〇〇点、最低を二〇点としています。

通信簿は、四八議員全員について、議員番号、名前、期数、年齢、会派、判定（星数と寸評）を記した評価別一覧を記載しています。

議員活動に関心をもちウオッチしている住民が、どんな着眼点で、何を評価しているか、全国の現職の議員はもとより、これから議員になろうとしている人も、真剣に吟味してほしいものです。

◆「議会ウオッチャー・仙台」の「仙台市議会議員の通信簿 Vol. 2」◆

もう一つ紹介したい例は、「議会ウオッチャー・仙台」（以下、ウオッチャー）の「仙台市議会議員の通信簿 Vol. 2」（二〇一五年六月）です。このウオッチャーは、二〇〇八（平成二〇）年四月から仙台市議会を傍聴し、私語、居眠り、離席等をチェックするとともに、定例会の質疑・質問の内容を評価し、その結果を公表することを目的として活動している団体です。

「通信簿 Vol. 2」のポイントは次の通りです。

議員評価の第一の柱は、本会議場での議員の態度についての評価です。評価対象とした行為は、離

表11－2　議会ウォッチャー・仙台による採点表

基準（配点）	評価基準：内容
①事前・現場調査（4点）	0点：全くしていない 1点：事前調査を一応している 2点：事前調査・現場調査をしている 3点：2＋分析、評価もしている 4点：2＋分析、評価のやり方が優れている
②他都市との比較（2点）	0点：全くやっていない 1点：一応やっている 2点：よくやっている
③改善案（3点）	0点：全く無し 1点：一応提示している（問題点を具体的に指摘している場合を含む） 2点：具体的改善案が提示されている 3点：改善案の内容が優れている

席、居眠り、私語の三項目です。これらは「議論」に集中していないことを示す指標で、いずれも「議論の場」としての議場でとるべき態度ではないとしています。この三つの項目について指摘回数の多い議員ほど評価は低いことになります。

議員評価の第二の柱は、定例会での議員の質問内容についての評価です。優れた質問とは、①取り上げるテーマ、課題の現場に赴き調査する、②テーマ、課題に関する資料を情報公開請求やネット等で調べ、分析する、③調査、分析結果をもとに問題点等を部局の担当者に問い質す、④視察も含めて他都市との比較調査を行う、⑤これらを通じて仙台市の抱える問題点を浮彫りにし、その解決の道筋を具体的かつ明快に示し、その実現を迫るというもの、ではないかとしています。このような考え方に基づく採用基準は**表11―2**のとおりです。

重要な点は、「根雪のように貼り付いているA型とB型の質問があること」も見抜いていることです。

A型は「事前に関連資料を情報公開請求で入手するか、担当部署の職員に確認すれば足りる質問」、B型とは、「当該課題（制度）の趣旨・意義、国と世論の動向、識者の指摘、市と所属会派の対応と現在までの経過等を解説し、それに質問者の抽象的私見を加え、当局の認識、所感、方針を問う質問」のことです。定例会におけるA型、B型の占有率は七五・五％に上っているとしています。

質問の前提を確認したところで終了する質問とは、登山でいえば、二合目の登山口で引き返しているようなものだと指摘しています。なぜA型、B型の質問が横行しているのか。質問者が、仙台市の施策の現場で今何が行われているのか、担当職員やサービスを受けている市民が何に満足し、何に不満を感じているのか、不満の原因（背景）は何か、同種の事例について他都市はどのような対応をとっているのかの調査を全くしていないからだとしています。なかなか鋭い指摘といえます。

議会自らが評価情報を公開する

以上に紹介したような住民グループによる議員活動評価がどこでも行われるのが望ましいかもしれませんが、現実には、実行し難いのです。議員通信簿の作成は、住民にとっては、相当の手間暇がかかる活動です。この活動を行っている住民は見上げた心意気の持ち主です。むしろ、こういう住民が議員になったほうが議会改革の早道とさえ思えます。

住民（有権者）から実名で評価を受けることを疎ましく思っている議員が少なくないのではないかと推測されます。中には、住民から低い評価をうけても、「選挙がすべてだ」と居直っている議員もいるといいます。

むしろ、議会側から、住民に議会活動のモニターを頼んで、議場内の態度（遅刻回数と時間、離席回数と時間、野次、私語）、一般質問（質問テーマ、論旨、住民生活との関係、質問の真面目さ・迫力、効果）、傾聴度（同僚の質問に真摯に傾聴しているか）をそれぞれ採点してもらい、その結果を公表することをしたらどうでしょうか。モニターにお願いする評価項目の作成自体が、自分たちの日頃の振る舞い方を顧みる機会になるし、問題な点を改善しようという気力も湧いてこようというものです。北海道福島町議会のように議員の発言回数など基本データを公表するなど、議会・議員側に積極的な対応があってしかるべきです。*

＊　議会主導で議員活動を評価し、それを議員報酬の配分に結び付けた珍しいケースがあります。熊本県球磨郡五木村の成果主義の議員報酬条例ですが、結果としては、この試みは頓挫しました。この点は、拙稿「短命に終わった成果主義の議員報酬」（『議員NAVI』二〇一五年一二月二五日号）を参照。

11　2　住民に開かれた議会をめざして

全国の自治体議会を見ますと、地方分権時代が到来し、さらに人口減少時代を迎え、危機感を持ち、自己改善ないし活性化に乗り出した議会は少なくありません。議員のなかの「改革派」を中心に、芳しくない議会の評判を改善しようと努力は行われています。そうした努力がさらに推進されるよう、改革の視点と方策のいくつかを検討しておきたいと思います。

議会・議員のアウトリーチ活動

議会はどうすれば住民の理解や信頼を得られるのでしょうか。合議制の議会の任務は議会審議への多様な民意の反映にあるといえます。そうすると、事務事業が実際に実施・執行される過程で、予定ないし期待された効果が生まれているかどうか、新たな検討課題は生じていないかどうかについては、現にその影響を受けている住民と接し、その生の声を聞く必要があります。それには、議会と議員が住民と接する回路をできるだけ多く設けることです。議会が「議員の内々の集まり」から脱却する地道な努力を重ねることです。これを議会・議員のアウトリーチ活動と呼ぶことができます。

個々の議員は、選挙の時に応援してくれた後援会組織との付き合いは欠かせませんし、議会活動の様子をニューズレターで住民に知らせる広報活動も重要です。ホームページやツイッターで発信することもできます。できるだけ住民との接触の機会を増やすため、地域における各種の集まりやイベントに顔を出し、住民と対話することも大事です。

◈議会報告会

こうした活動を重ねながら、議員が議会棟から外へ出ていき、住民に自らをさらす活動の一つが議会報告会です。住民との情報共有を進めるため、議会が直接、議案の審査における議論の経過や結果など、議会としての考え方を住民に報告するため、手分けして地元以外の地域に出向くのです。報告の後に住民と意見交換会を行い、そこで出された意見や情報を議会運営や施策展開の参考にすることができます。

議会審議への住民参加

次に議会審議を住民に開くことも必要です。通常の議会審議では直接住民の意見を聞くことはまずありません。議員と執行部という当事者だけが参集して質疑することが当たり前だと考えられています。公開の場でありながら、審議参加者が限定され過ぎてはいないでしょうか。例えば請願及び陳情に関して提案者の意見を直接聞く場があってもよいのではないでしょうか。陳情書や請願書に関しては、提出者の事情聴取という段取りを経ることなしに執行部から説明を受けるだけでは十分ではないことのほうが多いはずです。陳情や請願の提出者の発言を委員会審査で認めてはどうでしょうか。

◆市民フリースピーチ制度

愛知県犬山市議会は、「市民が議会で発言する機会を確保することにより、市民の議会への関心を高め、市民により身近で開かれた議会の実現に努めることを目的」として、二〇一八年二月から「市民フリースピーチ制度」を始めています。抽選で選ばれた七名の住民（市内に在住・在学・在勤のいずれかに該当する人）が、議場において、犬山市政に関することについて、五分間発言できる制度ですが、議員との意見交換も行われ、議会は出された意見を全員協議会などの議論の中で熟慮し、適切なアクションをとるとしています。

◆「ひとこと」発言

北海道の音更町議会では、二〇一七（平成二九）年一二月の定例の本会議で一人目の一般質問が終わった後、傍聴に来た住民に、議員席に座ってもらい、一人三分以内で、「ひとこと」発言する機会を設けています。事前の申し込みは不要で、発言人数は一〇人程度を予定し、発言内容は特に制限していない（ただし、個人や団体の誹謗中傷、公序良俗に反すると認められる発言は遠慮してもらう）。議員と意見交換が行われます。この様子は、インターネットで中継（録画配信）されています。

◆公聴会制度の活用

自治法にある公聴会制度をもっと活用することはできないでしょうか。二〇一二（平成二四）年八月の改正自治法によって、本会議においても公聴会の開催、参考人の招致をすることができることとなりました。それまで議会審査の委員会中心主義により、公聴会の開催や参考人の招致は委員会にしか認められていませんでした。しかし、規模の小さい自治体は、委員会に頼らずに本会議で審議をすれば十分な場合もあり、また、規模の大きな自治体でも本会議の活性化を図る必要があるということから、本会議に公聴会の開催や参考人招致をできるように法改正が行われたのです。

多くの自治体議会では、委員会付託案件や議員提出案件に関して会派単位で勉強会をすることはありますが、大抵は執行部からの説明聴取や執行部との質疑に終始しているのが現実です。必要があれば現地視察や調査を会派の委員会単位や議員個人で行っています。地元の集会などで、直接住民から説明を求められ、意見をいわれることはありますが、それは非公式の場ですし、議員個人の政務（調査）活動の一環であることが多いため、公開の席での情報共有にはなっていないのです。それには、せっかくある公聴会や参考人の制度を使うことです。また、議案審査や事務調査に必要な専門的事項の調査には、議会が、学識経験者等の専門的知見を活用することができるようになっています。

◆どうして公聴会制度が使われないのか

一般的に、公聴会とは、特定の事案に対して、利害関係者等の意見を聴取する会合のことを指しています。英語の public hearing の訳語です。公聴会の制度は、一九四七（昭和二二）年の地方自治法制定時にアメリカ連邦議会に倣って導入されたものであるといわれます。しかし、わが国の自治体議会では、この公聴会制度がほとんど使われないのです。

アメリカの場合は、立法部と執行部の権限分立が徹底されているため、執行部の関係者が議会に出席できません。その説明や意見を聞くためには公聴会を開く以外にないのです。ところが、わが国の自治体では、首長や幹部職員が議会に出席して議案に関する説明をすることができます。その意味で、アメリカで公聴会を必要とした理由がわが国の自治体議会にはないといってよいのです。民間の学識経験者や利害関係者の意見を聞く必要があれば、執行機関側が、審議会等の参加制度を通して議案の作成段階で聞いておけば済むと考えられているのです。ですから、首長提案の案件について、議会が公聴会を開くことは、よほどの事態ということになり、ほとんど使われないのが実情といってよいと思います。

そこで、公聴会を、もっと気楽に「勉強会」のようなものと考え、議会審議の当たり前の手続きに組み込んではどうでしょうか。その手続きは、少なくとも重要な審議事項に関しては必ず公聴会を開くように会議の日程に組み込み、発言したい住民は事前に議会事務局へ連絡しておけばよいといった簡便で分かりやすいものにしてはどうでしょうか。公聴会制度を、民意を直接聴取する工夫として、もっと活用するのです。そうすれば、議員と住民が、議会という公の場における距離を縮めることができます。

政策サポーター制度

議会が住民から情報や意見を吸収する手法としては、長野県飯綱町議会が試みているような「政策サポーター制度」も有効でしょう。

合議体としての議会の定数を判断する一つの考え方として、常任委員会制度を採用されていることを重視し、委員会での有効な議論が成り立つ人数を基礎にして議員定数とする方式について言及しましたが、この考え方は、例えば人口五、〇〇〇人未満のような小規模自治体の議会には適用しにくいのです。例えば、愛知県豊根村（人口約一、一〇〇人）議会の定数は八人、その全員で「ゆたかなむらづくり委員会」も議会運営委員会も構成していますし、沖縄県与那国町（人口約一、七〇〇人）の議会は六人で常任委員会は置いていません。

こんなに少ない議員数では議会に託された任務は十分に遂行できないのではないかという疑問が出てくるかもしれません。少人数議会では、こうした疑問に答えるための工夫が必要となっているとも

飯綱町議会政策サポーター設置要綱（平成25年6月21日告示第55号）

（目的）

第1条　町民と議会との協働により町政発展の政策提言に取組み、新しい知恵と創意を結集して町づくりのための政策立案を目的として、議会政策サポーター（以下「サポーター」という。）を設置する。

（組織）

第2条　政策サポーターの定数は 20人以内とし、公募及び議員の推薦する者の中から議長が委嘱する。

第3条　サポーターは、前2条の目的を達成させるため、飯綱町内在住であるかは問わない。

（選考）

第4条　サポーターの選考は、議会がこれにあたる。

（任期）

第5条　サポーターの任期は、議論されるテーマの政策提言が完成するまでの間とする。

（任務）

第6条　サポーターは、議会及び町の政策について意見を提言するとともに、飯綱町全般について町民の意見を聴取するほか、議会の依頼に応じて会議、アンケート、調査事項への協力等を行うものとする。

（謝金）

第7条　サポーターには、予算の範囲内で謝金を支給することができる。

（その他）

第8条　その他必要と認められる事項については、議会において協議する。

附則
この告示は、公布の日から施行する。


いえます。この問題を考える上で参考になると思われるのが、長野県飯綱町議会の試みなのです。

長野県飯綱町は、県北部に位置する人口約一万一、〇〇〇人で、二〇〇五年（平成一七年）一〇月一日、牟礼村と三水村が合併して発足した町です。飯綱町議会は、第三セクター（スキー場）の破綻をきっかけに、議会の責任も問われていることを重視して議会改革に乗り出しました。合併前に両村それぞれ一八人ずつで三六人いた議員数を合併後は一八人にしました。その一八人を、二〇〇九（平成二一）年一〇月の一般選挙から一五人にしています。条例定数は一五名ですが、二〇一六（平成二八）年三月現在、欠員が二名あり、現員一三名です。六名（八名）の総務産業常任委員会、六名（七名）の福祉文教常任委員会、一二名（一四名）の予算決算常任委員会、六名の議会運営委員会を置いています（カッコ内は条例定数）。

飯綱町議会は、議員定数が減る中で、人口減少、少子高齢化の急速な進行によって、地域社会にさまざまな政策課題が生まれており、町議会としての政策立案力が問われるという認識に立って、議長のリーダーシップの下に、住民から議会を支援してもらう仕組みを考え出しました。それが「政策サポーター」制度です。町民の知恵も借りて政策づくりを協働で進めることをねらいとしています。

二〇一二（平成二四）年九月、飯綱町議会基本条例が制定され、その七条に、「議会は、政策提言活動に積極的に取り組む。その際、町民目線での政策研究の一環として「政策サポーター制度」を創設することができる。」と規定。これを受けて飯綱町議会政策サポーター設置要綱が定められています。

飯綱町議会では、毎年一二月に、町民要求を整理して、町長に「予算・政策要望書」を提出し、次年度予算に反映するよう求めています。他にも「議会広報モニター制度」「模擬議会」「休日・夜間議会」「町民と議会との懇談会」等に取り組み、「開かれた議会」「議会への住民参加」による議会の見える化にも努めています。二〇一四（平成二六）年から「議会だよりモニター制度」を拡充し、少なくとも一集落から一人がモニターになっています（約五〇人）。モニターによる提言を議会改革につなげるとともに、議会を知り、そのことで議会の理解者・支援者を増やすことも目指しています。政策サポーター制度は、こうした議会改革の一環として導入され運営されているのです。それは、「住民と歩む議会」を創り出し、ともすれば首長の「追認機関」になりがちな議会運営から脱しようとする試みともいえます。

政策提言をめぐる政策サポーターの住民と議員との「協働」は、自治体議員に根強い住民参加嫌いの体質を克服していくきっかけとなりうると思います。概して、自治体議会の議員は、議会審議への住民参加には消極的です。実際に各地区から議員が選出され、その複数の議員が、それぞれ民意を体現しつつ一堂に会して審議するのだから、わざわざ住民の参加を求める必要はないというのが、その理由となっています。議員活動として日常的に地区を歩き住民と接し、その声は議会審議に反映させている、それにもかかわらず、住民参加を図れということは自分たちの存在理由を軽視することに通じると考えやすいのです。住民と協働で政策提言を検討することは、こうした消極的な考え方を克服し、しかも議員たちだけでは見過ごしがちな多くの気づきや着想を手に入れることができるといえます。

◆「住民と歩む議会」

この「協働」では、議会側がまず研究・検討すべき政策テーマを選択しますから、政策課題の提起をするために議員同士で討議を行わなければなりません。これは、もっぱら執行機関が準備してきた議案をめぐる質疑に限定されがちな議会運営から脱却する契機となりますし、住民と共にまとめた政策提言は首長側にとって無視しえない重みをもつといえます。もちろん、政策サポーターと議員の協働による政策サポーター会議では執行機関側が用意・提供する資料・情報が必要であり、それらはあまりに少数の議会事務局職員では対応できない（飯綱町の職員定数条例によれば、議会事務局職員はたった二名（事務局長一名、書記一名）である）ことも分かっています。

議会政策サポーター制度には、議会の政策提案機能に対して住民が補完するということだけではなく、少数議会が直面している深刻な問題の一つ、「議員のなり手不足」への打開策として期待できるかもしれません。議員と「協働」して政策提言の論議に参加する住民の中から、議会の存在価値を実感し、議員立候補を志す住民が出てくるようになれば、政策サポーター制度は人材養成の効果をもつかもしれないのです。政策サポーター制度は、少人数議会に限られず、市町村議会一般に適用可能な議会機能の充実強化策になりうるかもしれません。それは「住民と歩む議会」の実現だといえます。

11 3 議員同士の討議とチーム議会の実現

首長は独任であり目立つ存在であるのに対して、議会は複数の議員からなる合議体であるため、その活動のイメージが薄まりやすいといえます。しかも、この二つの自治体の機関に割り振られている権限配分を見ると、既に述べましたように、執行機関（首長）優位になっているため、議会はある意味で分が悪いのです。

自治体としての意思を確定する過程において、その原案を誰が企画・立案するかが決定的といってよいほどの重要性をもっています。わが国の自治体では「執行機関」と呼ばれる首長とその補助機関（職員）が政策形成機能をほぼ独占しています。逆にいえば、議会は、審議・決定すべき議案を自ら企画立案する責任を大幅に免除されていることになります。これは、制度上、議会は不利な立場にあるといえないことはないのですが、楽といえば楽なのです。自ら企画・立案して、さまざまな質問に答えなくて済むからです。しかし、これに甘んじていては、議会の評価はなかなか高まりません。

◆議員同士の討議

議員は、地域や職域を背負い、性別も年代も違う多様な人格をもち、会派に分かれ、なかなか集合体としてのまとまった意思を形成しにくいものです。しかし、合議体としての議会が体をなすには、多様な人格の持ち主である議員から出されるさまざまな意見や議論を一つの意思に集約できなければならないのです。それに不可欠なのが対話・調整・集約のための議員同士の討議です。従来、この議員間の自由な討議がないがしろにされてきました。

実際の議会審議過程では議員同士が討議をすることはほとんどないのです。本会議でも委員会でも、議員が首長・執行部に質問や要望を出し、回答させるのが一般的な形で、採決の前に「討論」はありますが、自分（会派）の意見を一方的に表明するだけで、他の議員・会派と議論し妥協を図りながら議会として見解をまとめていく段取りにはなっていません。議員同士の討議を通じて議会の意思をまとめるのではなく、会派単位で首長に対してバラバラに意見を主張していれば、首長はそれぞれを参考にするといえば済んでしまいます。

一人選ばれる首長とそれを補助する職員からなる執行部体制に対し、何をもって対処できるのでしょうか。それは、地域の実情と住民の意向をくみ取り、それを事務事業の点検と改廃・新設に反映させることができる議会意思の結集ではないでしょうか。独任の首長が民意に問い、民意に応えようとする施策を打ち出そうとするなら、これに対し議会がくっきりと存在理由を示すには「チーム議会」の実現が必要ではないかと思います。

対話の必要

会派に分かれていても、例えば政策討論会議という場を設定し全会派の代表者が議員間で調査・検討・議論を重ねた上で一致して政策提言をまとめれば首長は簡単には無視できません。ここでいう討議は、議案への賛否を明らかにする「討論」ではなく「対話」の実践です。対話は、当事者の考えが、話す前と後では変わることが前提で、主張と聴取の交換によって合意（共通点）をつくり出す作業です。それには多数派の譲歩と少数派の妥協が必要ですから、「討論」よりずっと難しいのです。

もし、議会が一致して政策提案をまとめあげることができれば、その議会の政策形成能力の発揮を「チーム議会」の実現と呼びたいのです。そのための議員同士の討議とその集約が不可欠であり、そこにこそ議会たるものの本質があるのではないでしょうか。それでこそ首長と緊張ある関係を維持できるというものです。

与野党意識の克服

「チーム議会」を成り立たせるためには、与野党意識の克服が不可欠です。二元的代表制の下では、議会が首長を指名ないし選任するのではありませんから、首長と議会との間に、国の議院内閣制のような与野党関係はないのです。このことを、首長（執行機関）も議会議員も自覚しているかどうかが重要です。議員が会派に分かれるのは無理からぬことであるとしても、議会多数派が首長に対して与党あるいは野党の意識をもち、そう振る舞うのは二元的代表制の主旨に合致していないのではないでしょうか。

首長と馴れ合わず、緊張関係を維持するためには、議会全体が野党的な感覚をもちつつ、是は是、非は非として、自治体としての意思決定を適切なものにしなければならないのです。議会各会派が与野党意識をもち、それを首長が利用し会派間の分断を図り、議会側が首長を困らせるために嫌がらせ的な行動に出るようでは、二元的代表制の担い手として失格だといわれかねません。

議会がくっきりと存在理由を示すためには、民意に基づいて成立した、その政治的基礎を確固たるものにしようとする以外にないのです。それには、多数派が与党的な「エライさん」意識を、少数派が野党的な「卑屈・突っ張り」意識を克服し、民意をさぐり謙虚に誠実に代表機関としての内実を豊かにする必要があるのではないでしょうか。

◆与野党意識の背景

新聞やテレビなどの選挙政治の解説は、わかりやすく、しかも、選挙結果を劇化して表現しようとする傾向をもっています。例えば、自治体の首長選挙では、「今度の首長は野党多数の議会で大変だ」とか「与党多数だから安泰だ」とか「新たな議会は与野党が逆転した」といった表現がそれらです。こうした見方が、首長と議会との間に、国の場合のように当然のごとく与野党関係があることを前提にしていることは疑いありません。

こうして、首長選挙のときの支持・不支持が首長と議会とのあいだに与野党意識を生み出す背景となっているのです。当選した首長も自治体の機関として行動するとき、応援してくれた政治勢力、特に議会の支持勢力を与党と考えやすいといえます。また、選挙の時に支持勢力に約束した公約の実行をめぐる配慮意識も出てくるでしょう。

これに対して、議会議員の選挙の場合は、もう少し事情が複雑になります。条例で定める数まで議員が選ばれますから、それを超える立候補者がいれば選挙となり、勝者と敗者が分かれます。しかし、当選者は条例定数まで複数いますから、独任の首長とちがって民意は複数の議員の顔ぶれに現れるわけです。勝敗の過酷さはうすらぐのです。

都道府県や政令指定都市の議員選挙のように、ほとんどの議員候補者が政党所属やその支持を明らかにして当選すれば、新たに成立する議会はその政党に沿った会派構成になります。首長を応援した政治勢力との関係でいえば、新たな議員構成がどのような分布になるかによって、首長を選んだ民意と、議員の構成に現れた民意が、整合的であることも、食い違っていることもありうるのです。

しかし、ある候補者を首長に選んだ民意と議員構成に現れた民意にズレが起こるからといって、あるいはズレが目立たないからといって、選挙後に正式に執行機関となる首長と議会との間に国の場合のような与野党関係が生まれるわけではないのです。あえて与野党という言葉を使うなら、議会は首長に対して全体として野党的な機能を果たすというべきです。もし首長が民意をないがしろにするなら、代表機関としての議会は首長と鋭く対立することもありうるのです。これが機関間関係の本来の姿であるはずです。

◆与野党意識の強さとその弊害

現実には、首長選挙のときに特定候補者を支持した議会内の党派ないし会派はその候補者が当選して首長になると、その首長に対して自らを「与党」と考え、また首長側もそれらのグループを「与党」とみなしがちです。その結果、その「与党」と執行部とのあいだに一種の「なれあい」が生まれやすく、その他の党派・会派は対抗上、必要以上に「野党」たろうとして論難に近い批判を展開し、議会審議における合意形成を困難にしてしまう傾向が出てきてしまうこともあるのです。

これは、どうみても、議会と首長とがともに住民の代表機関としてそれぞれに独自の役割をもって牽制しあうという関係にあることを軽視しているといわざるをえません。その結果、例えば「与党」と思い込んである多数会派が、他の会派に先立って優先的に執行機関側から事前に相談や協議をうけるのは当然と考え、そう要求したりします。執行部側も「与党議員・会派」の顔を立てて特別の配慮をしたりすることが起きます。

コラム　小規模議会における与野党対立

①　議長選挙を九九回も繰り返す

二〇一八（平成三〇）年九月の沖縄県与那国町の町議会（定数一〇）の選挙では「与野党」が五議席ずつを分け合いました。それを受けた議長選では、議長を出せば採決時に少数派になるため、「与野党」が相手側の議員に投票し、くじ引きで決まった議員が辞退することが、計二二日間に計九八回も繰り返され、九九回目でやっと議長が決まったのです。「与野党」の対立が生んだ「珍事」でした。

②　二年交代の議長選出をめぐる攻防

定数一二人の京都府大山崎町議会では、二〇一八（平成三〇）年の選挙で選ばれた町長支持の六人と、対立候補を支持した六人が対立し、五〇年以上続いていた慣例に従って与党側が議長を引き受けましたが、二年たっても交代を野党側が認めず、議長が「職務を控える」と宣言し、議会は休会となりました。二か月近くも膠着が続き、二〇二〇（令和二）年一二月に、副議長と監査委員、三常任委員会の委員長ポストも「野党」側が担うことを条件に野党側が議長を引き受け、一応の決着となりました。

そうすると、首長の下にある職員も、特に管理職は「与党議員・会派」のご機嫌をそこねないように、また「与党議員・会派」が有利になるような対応（情報提供、要望傾聴など）をし、「野党議員・会派」には冷淡になりやすくなります。新人議員が、先輩議員から「首長与党議員の仕事は質問もしないで会期を過ごし最終日の採決の時は賛成の起立をすることだ」と教えられるような実態を看過できないのです。議会での発言こそ議員の本務であるからです。

また、首長選挙を間近にひかえた議会審議で「与党」議員が首長の実績をほめたたえ、追従をいって「八百長質問」をすることがあります。自分の選挙のときに、ポスターの顔写真を首長とツーショットにして当選したような議員は、首長など執行部に向かって毅然たる態度など最初から取れるはずがないのです。

◈政党・党派と与野党意識

問題の根本は、地域政治における政党・党派をどのように考えるかです。まず、一定規模の有権者（票）の組織化には、なんらかの形の政党ないし政治勢力の結集が必要になることは理解できます。多様な意識をもち散在している有権者に特定候補者への投票を訴え、投票所に出かけ候補者の名前を書いてもらうためには、選挙運動を効果的に展開する組織体制が必要だからです。そこに政党の存在意義の一つがあることは確かです。選挙過程に政党ないしそれに近い組織体（政治団体）が介在するのはむしろ当然であり、けっして病理的な現象ではありません。都道府県や政令指定都市の議員選挙が政党化しているのは理解可能です。

問題は選挙後の政党・党派の振る舞い方にあるのです。国の場合とちがって、自治体では首長と議会の関係は首長の選出制度の上では切れているのですから、この切断をいかに認識し、尊重するかということになるはずです。切断の意義を無視して、ズルズルと政党・会派の立場が議会審議まで露骨に出てくることが問題なのです。選挙での対立を議会にまで持ち込まず、首長と議会は、どちらが民意をより的確に反映し、代表機関として住民に対し説明責任をまっとうできるかという点で競い合うことが本来の姿であり、自分が所属ないし関係の深い政党・党派の意向をいかに実現するかどうかで張り合うことではないのです。

ですから、議会の多数派は執行機関と馴れあったり、不必要に野党的になったりすることなく、まず議員同士で、また会派なりの論陣を張って議論をつくし、必要ならば執行機関側を正々堂々と問い正す弁論を展開することが期待されるのです。首長がどのような勢力の支持を受け選ばれてこようが、独任公選の首長の判断や決定のあり方を吟味し、正すべきことは厳正に正すことを通じて、議会多数派は、むしろ多数派であることの存在理由を発揮すべきではないでしょうか。少数派は、むしろ首長の判断や決定の適切さをこそ発見し激励しようと努力すべきではないでしょうか。そのくらいの度量をもち、政治の技を発揮できないようでは、自治体議員でも政治家集団としては情けないといわざるをえません。

このように二元代表制の意義に自覚的になれば、かりに首長選挙の際に、個々の議員や会派が特定候補者を応援し、その候補者が首長に就任しても、首長との関係に緊張感を維持し、議会として政策立案活動や行政監視活動を積極的に展開していくことは十分に可能なのです。

11-4 自治体議員の新たな法的位置付け

自治体議員に関する制度の改革で懸案事項となっているもののうち、特に指摘しておきたいのは自治体議員の新たな法的位置付けです。

公選職としての議員の特殊性

改めて、自治体議員の特殊性について、以下の三点を指摘しておきたいと思います。

① 議員は、上司の下で時間的、場所的に管理される存在ではなく、住民の代表者として自律的に判断し、その責任を住民に対してとる立場にあること。

② 議員は、住民を代表してその意思を自治体の政策運営に反映させ、事務事業の執行を監視することを任務としており、議員としての職務を遂行しているかどうかを、その活動が行われる場所が議会内であるか否かによって判断すべきではないこと。

③ 一般職の公務員が一定の監督・管理の下で職務を遂行しているのに対して、議員が行う調査研究活動や住民意思の把握活動は、個々の議員の自己責任で行っていること。

こうした特殊性は、住民によって直接選挙されたことに由来し、その職務遂行については、相当の自由度が保障されてしかるべきだと考えられます。
そこで、長い間引きずってきた常勤職・非常勤職という区分に代えて、住民の直接選挙により選任される議員及び首長の職務の内容や職務遂行形態の特殊性に着目して位置付け直す必要があると考えます。

新たな位置付けの提案と国の対応

二〇〇四（平成一六）年三月に発足した第二八次地方制度調査会（以下、地制調）において「議会のあり方」が審議項目として取り上げられました。これを、全国都道府県議会議長会（以下、議長会）は、議会の機能強化にかかわる制度改正の実現を図る好機の到来と捉え、二〇〇四年四月に「都道府県議会制度研究会」（以下、研究会）を設置し、改革提言を行っています。最も重要な提言は自治体議員の職責・職務の法定化を求めている点です。以下、この提言に沿いつつ、問題提起をしておきたいと思います。

自治体議員の法的位置付けは明確でなく、その活動と定数と処遇の関係を整合的に説明できないため、多くの心ある議員たちは、自分たちに関する世間の評価イメージと活動実態の狭間で悩んでいます。その解消に向けて、自治体議員の職責・職務の法定化を実現したいものだと考えます。

◈第二八次地制調の答申と議長会の要請

二〇〇五（平成一七）年三月の研究会の中間報告は、「地方自治法第二〇三条から『議会の議員』を削除し、新たに『公選職』にかかる条項を設けるとともに、議会の議員に対する『報酬』を『歳費』に改めよ。」と提言しました。

第二八次地制調の「地方の自主性・自律性の拡大及び地方議会のあり方に関する答申」（二〇〇五（平成一七）年一二月）は、議員の位置付けに関しては、「議員について、常勤・非常勤という職の区分とは別に、『公選職』という新しい概念を設け位置付けの変更を行うべきであるという意見があるが、この点については、『公選職』にどのような法的効果を持たせるのか、政治活動と公務との関係をどのように考えるのか、などの論点があり、引き続き検討する必要がある。」としていました。

議長会は、二〇〇六（平成一八）年一〇月、国に対して「地方議会議員の位置付けの明確化に関する要望」を行いました。その主な内容は次の二点でした。

① 地方議会議員の職責又は職務を明確にするため、地方自治法に新たに、例えば「議会の議員は、議会の権能と責務を認識し、その議会の会議に出席し議案の審議等を行うほか、当該普通地方公共団体の事務に関する調査研究及び住民意思の把握等のための諸活動を行い、その職務の遂行に努めなければならない。」旨の規定を設けること。

② 地方自治法二〇三条から議会の議員に関する規定を他の非常勤職と分離し、独立の条文として規定するとともに、議会の議員、とりわけ都道府県議会議員の議員活動の実態に対応し、職務遂行の対価について、単なる役務の提供に対する対価ではなく、広範な職務遂行に対する補償をあらわす名称とするため、「報酬」を「歳費」に改めること。

研究会の最終報告（二〇〇七（平成一九）年四月一九日）では、議員の位置付けについて、①公選職でありながら任命職と同じ枠組みに包摂され、②職責や職務が法令上に明記されず、③公費支給と議員の活動実態との整合性がとれていないとし、改めて「自治体議会の議員の職責・職務を法令上に明確に位置付けるため、地方自治法に自治体議会の議員の職責・職務に関する規定を新設せよ」と提案しました。

この提案の趣旨は次の点にありました。

第一に、議員が住民の直接選挙によって公選されてその地位に就任したという意味で、任命職である職員とは異なり、明確に公選職と捉え直すべき身分であることを明らかにし、住民の代表者としての責務、住民全体の奉仕者としての責務及び合議体の構成員として議会の機能を遂行する責務を議員の職責として掲げることにより、公選職としての議員の位置付けを法令上明確にすべきであること。

第二に、議員の職責・職務を示した条項を地方自治法上に新設することにより、次のような実際的な効果を期待できるものと思われること。

① 議員に求められている職責・職務を明確にして、議員の活動に対する評価や期待における議員と住民との大きなズレをできるだけ縮小していくこと

② これまで不当に狭く解釈されてきた議員の活動領域を適正に定めることにより、議員としての活動がより積極的に展開できる環境を整えること

③ 法令上に、議員が担っている幅広い職責・職務を明示することにより、一般に誤解を与えてい

る非常勤職的な扱いを正すこと

議長会の要請への応答として、国は、二〇〇八（平成二〇）年に自治法を改正し、二〇三条の中ではありましたが、議会の議員についての規定を分離独立させ、第一項にまとめ、報酬を「議員報酬」に改めました。しかし、二〇〇八年改正は新たな法的位置付けまでに及んではいませんでした。

◆第二九次地制調の答申――引き続き検討

その後、第二九次地制調は、「今後の基礎自治体及び監査・議会制度のあり方に関する答申」（二〇〇九（平成二一）年六月一六日）の「第3の議会制度のあり方」の「3　議会の議員に求められる役割等」の中で、議員の位置付けについては、「議員の活動は、議会における審議・討論にとどまるものではなく、政策形成のための調査研究活動や住民の意思を把握するための諸活動等、広範にわたることから、議員の位置付けやその職責・職務を法制化すべきであるとの意見がある。この点については、今後の地方分権の進展や議会機能の充実・強化に伴う議員の活動の実態を踏まえ、政治活動と公務との関係、議員の活動についての住民への説明責任のあり方、職責・職務の法制化に伴う法的効果等を勘案しつつ、引き続き検討することが必要である。」としています。

◆全国都道府県議会議長会の新たな研究会報告と第三二次地方制度調査会

全国都道府県議会議長会は、二〇一九（令和元）年五月に新たな研究会（座長・中邨章明治大名誉教授）を設置し、二〇二〇（令和二）年四月に「地方議会の活性化に関する報告書」をまとめ、その中で、議会や議員の位置付けを地方自治法で明確化するよう求め、条文案を提示しています。議会を「議会制民主政治における意思決定機関」と位置付けた上で、自治体の事務方針を決定し、管理や執行を監視する権限を持つと定義し、また、議員については「常に住民の意思を適切に把握し、調査研究その他の活動を行うとともに、議会の審議に参加しなければならない」として、政策調査や会議出席に加えて、住民からの要望を聞き取るなど幅広い活動を職務と想定した上で、他の仕事を持つ議員が議員活動を理由に解雇などの不利益な取り扱いを受けないようにする規定も盛り込みました。

第三二次地制調の最終報告（二〇二〇（令和二）年六月）では、議員の位置付けの法制化については、「これに伴う法的効果等を勘案しつつ、議員活動の実態等も踏まえ、検討を行っていく必要がある。また、議会のおいても、議会の活動理念や議会のおける多様性の確保に関する考え方を自ら議論するなど、自主的な取組を通じて、住民に対して広く理解を求めていくことが必要である。」としています。

国は、新たな位置付けに関しては慎重な姿勢を維持しているといえます。実現まではまだ時を要するでしょうが、粘り強く働きかける必要があると思います。

第12章　自治体議員のなり手不足にどう対処するのか

12
1

二〇一九年統一地方選挙と無投票当選の増加

やせ細る民主制の基盤

元号が「平成」から「令和」に変わる直前の二〇一九（平成三一）年四月七日と二一日に第一九回統一地方選挙が行われました。マスコミは、こぞって、低い投票率と無投票当選の増加を報道しました。

投票率は、四一の道府県議会議員選挙では四四・〇八％、一七の政令指定都市市議会議員選挙では四三・二八％、二〇の特別区議会議員選挙では四二・六三％、二八三の市議会議員選挙では四五・五七％と、軒並みに五割を切り、二八二の町村議会議員選挙では五九・六五％でしたが、初めて六割を下回り、いずれも過去最低を更新しました。

道府県議会議員選挙の九四五の選挙区のうち、全体の三九％に当たる三七一の選挙区で、合わせて六一二人が無投票当選となりました。これは、前回の二〇一五年選挙の時よりも一一一人多く、総務省に記録が残っている一九五一（昭和二六）年以降、最多といわれます。定員全体に占める割合も、前回より五ポイント高い二六・九％に達し、四人に一人が有権者の審判を経ずに当選したことになります。前回、無投票の選挙区がなかった大阪府と山口県も含め、四一の道府県すべてで無投票の選挙区が出ました。

このうち、広島市内の八つの選挙区のうち六つで無投票となったほか、京都市内の一一の選挙区のうち五つ、浜松市内の七つの選挙区のうち四つなど、政令指定都市の選挙区で府県議会議員の無投票当選が相次ぎました。立候補者が少なく無投票となるのは、人口の少ない過疎地に特有の現象のように見られてきましたが、大都市地域でも起きているのです。

政令指定都市議会議員選挙では、前回より五つ多い七つの選挙区で無投票となりました。無投票当選者は全体の三％に当たる三四人で、前回より一七人増えました。

二〇の特別区では選挙戦となったのですが、一一市が無投票でした。無投票当選だったのは、北海道歌志内市（定数八）、山形県寒河江市（同一六）、茨城県結城市（同一八）、新潟県小千谷市（同一六）、福井県敦賀市（同二四）、愛知県みよし市（同二〇）、同長久手市（同一八）、佐賀県多久市（同一五）、大分県津久見市（同一四）、宮崎県小林市（同一九）、鹿児島県枕崎市（同一四）で、計一八二人でした。

町村議会議員選挙では九三の町村では定員を超える立候補者がなく、計九八八人が無投票当選となりました。人口減少が進む町村で、議員のなり手不足が深刻化していることが浮き彫りになった形です。

その町村議会議員選挙では、八つの町村で、立候補者が定員に満たず定員割れが起こりました。定数割れしたのは、北海道興部町（定数一〇人―立候補者九人）、北海道厚真町（同一一人―一〇人）、北海道中札内村（同八人―七人）、北海道浜中町（同一二人―一〇人）、長野県辰野町（同一四人―一三人）、長野県山ノ内町（同一四人―一三人）、愛知県幸田町（同一六人―一五人）、熊本県津奈木町（同一〇人―九人）でした。浜中町は定数に二人不足していましたが、欠員補充の再選挙は実施されずに済みました。公職選挙法によって、定数の六分の一を超える欠員が生じるとその分の選挙をしなければなりませんが、八つの町村は、これに該当せず、欠員のままで各議会は成立しました。

無投票当選と民主制

五割を切るような投票率の低さは、投票を通じて代表者を選び、それによって議会を成立させるという民主制自体に対して有権者の半分がそっぽを向いていることになります。

無投票当選の選挙区では、選挙権年齢が一八歳以上に引き下げられて初の統一地方選挙であったにもかかわらず、その若者を含め有権者は投票権を行使できませんでした。なぜ無投票当選になったのかについては、各選挙区、各地域の事情や政治団体・政党の選挙戦略の違いもあり、個別分析が必要です。ここでは、議会の成立と関連付けて、無投票当選自体について考えておきたいと思います。

◈議会の成立と六分の一のハードル

自治体に議会を設置することは日本国憲法の要請となっています。したがって、現に、すべての自治体に議会が置かれています。正当な手続きで選挙された一定数の議員からなる議会がなければ、それは自治体（地方政府）とはいえません。自治体にとって議会の成立は必須条件なのです。

自治体議員選挙とは、一般選挙の告示日に、条例定数以上の数の立候補届が出され、選挙運動が繰り広げられ、選挙管理委員会の管理の下で投票が実施され開票作業が行われて当落が決まることです。ところが、この選挙過程が立候補届終了時で中断する場合があります。立候補者の数が条例定数と同じ場合か、市町村議会議員選挙では条例定数を下回っても、その比率が定数の六分の一以下の場合です。それが無投票当選です。

立候補者が選挙戦で有権者に支持を訴え、投票の結果、当選したということは有権者の明示的な信任を得たということだと考えられています。これが選挙による民主制の実現です。自治体の議員も有権者が投票で選ぶという民主制が機能してこそ選ばれた議員とその集合体である議会の意思決定に正統性が付与されると考えられているのです。

無投票当選では、この信任が不明になるのです。しかし、公職選挙法によって、立候補者が議員定数を超えない場合には投票を行わず、立候補者をそのまま当選人にすることになっているのです。立候補者数が定数を超えなかったということは、他に候補者がいなかったのだから、暗黙のうちにその候補者が信任されたとみなそうということだと解されます。

各自治体が条例で議員定数を決め、その人数の議員を選挙で選べばよいのですが、これと関連で二つの点が問題となります。一つは、議員定数と立候補者数が同じ場合には選挙が行われずに当選者が決まることであり、もう一つは、立候補者の数が議員定数を満たさず、欠員が出てきてしまう場合です。

もし立候補者数が定数を上回らない場合はどうするかを法的に決めておかなければ議会が成立しな

いことになってしまいます。そういう事態を回避するために、同数なら立候補者全員を無投票当選とし、定数を下回っても欠員数が定数の六分の一以下であれば全員を無投票当選とすることにしているのです。

どうして、これが許容されるのかといえば、議員を選挙で選ぶ目的が議会を成立させることにあるからです。投票であろうが無投票であろうが、条例定数の議員が確保できれば議会は成立します。

議員を選挙で選ぶ目的が議会を成立させることであるとすれば、無投票で代表者が決まるのもやむをえない措置といえますし、無投票当選だからといって、立候補者を責めるわけにいきません。

もし当選者数が六分の一のハードルを超えられず、再選挙となり、それでも超えられず再再選挙ともなれば、議会の成立が遅れ、自治体運営に支障が出かねません。首長（執行部）側としても、それは、二元的代表制の下における議会の問題だと傍観してはいられないのです。六分の一のハードルを超えられないほど立候補者が出てこない地域なのかと、自治体としての存在理由が問われかねないからです。議会の基本任務は、予算案をはじめ地域の将来を左右しかねない議案を審議・決定することです。その議会の成立が危ぶまれる事態は自治体存立の危機であるといえるのです。

◆大川村の工夫

事実、六分の一のハードルを超えられず、再選挙になったケースがあります。二〇一八（平成三〇）年一二月施行の群馬県昭和村の定数一二人の村議選では、立候補者が一〇人いれば欠員二人でも議会は成立したのですが、九人しか立候補せず、欠員三人の補充選挙が行われました。三人の立候補者が

コラム　前代未聞の無投票当選者の辞退申し出

人口約一万九千人の長野県辰野町の議員選挙（定数一四人）は、二〇一九（平成三一）年四月一六に告示され、届出のあった候補者の数（一三人）が選挙すべき数を越えないため無投票となりました。ところが、そのうちの一人、無所属の新人N氏（男性）が町選挙管理委員会に「当選を辞退したい」と申し出たのです。前代未聞の出来事でした。公職選挙法は当選の辞退を想定していないことから町選管は苦慮しました。公職選挙法が立候補制度を採用している以上、当選の辞退を認めるのは適当ではないと判断し、当選を辞退したいなら議員の身分を取得した後で辞職してもらうほかはないということになりました。

本人は、定数割れの可能性を知り、独断で急きょ立候補を届け出たのですが、無投票当選が決まった後、親戚などから「やめた方がいい」といわれ、議員活動をすることは困難と判断した、「軽率に立候補して申しわけない」と述べたといいます。議員任期初日の四月三〇日に、議長選出まで議長代理を務める最年長議員のY氏に辞職願を提出し認められました。N氏には一日分の議員報酬（七、五六七円）が支払われることになりました。

なお、辰野町議選では一九四七（昭和二二）年の町制施行以来で初の定数割れとなりました。N氏の辞職で欠員は二名ですが、再選挙や補選は行われず、町議会は成立しました。

あり、全員が無投票当選となり、議会成立に漕ぎ着けました。

高知県大川村は、一時、「住民総会」設置の可否を検討しはじめて全国から注目を集めました。大川村議会は一九九九（平成一一）年選挙では定数一〇で無投票でした。二〇〇三（平成一五）年の選挙では定数を二減の八人としましたが、七人しか立候補者がなく欠員一が出ました。定数割れのまま全員が当選し、欠員が定数の六分の一以下であったため再選挙は免れたのです。二〇〇七（平成一九）年選挙では、さらに二減の定数六人としました。二〇〇七年と二〇一一（平成二三）年の選挙では投票となりました。しかし、二〇一五（平成二七）年選挙では現職の六人が無投票当選で続投することになりました。

次の二〇一九（平成三一）年選挙で、候補者が定数の六に満たず、欠員一人が出れば、再選挙となること、さらに当選者が不足して選挙を繰り返すことになれば村政が停滞しかねないことを懸念しました。村は、自分たちでできる対策を検討し、「大川村議会議員の兼業禁止を明確にする条例」の制定に漕ぎ着け、これに基づいて、村長が、議員と他の仕事を掛け持ちしたい人が立候補しやすいよう議員の兼業制限に該当しない村内の公益的な法人を公表しました。

こうした取り組みが村民の議会への関心を高めたとみられ、四月の村議選は、無投票だった前回から一転して選挙戦となりました。現職四人と新人三人、計七人が立候補し、新人はすべて当選しました。その一人は、兼業できない団体の幹部を辞任しましたが、兼業可能な法人については役職に就いたまま出馬しました。大川村のケースからは、本気になって住民の関心を喚起すれば定員割れを起こさないですむといえるかもしれません。

立候補を促すような報酬などの条件整備が必要かもしれませんが、その前に、各自治体で議員のなり手不足に対処する方策を真剣に考案すべきです。まずは、議会を成立させうる数の議員の確保がどうして不可欠なのか、役場と住民が一緒になって議論し、議会なしには自治体は成り立たないという認識を揺るがないものにすべきです。その際、議員定数の削減によって定員割れに対処しようとすることは必ずしも問題の解決にならず、「ジリ貧」に陥る可能性があることに留意すべきではないでしょうか。

◆問題な選挙回避の傾向

選挙運動は、告示日に立候補の届出が受理された時から行うことができますから立候補者は準備をして活動を開始します。定数を超える届け出があって選挙戦を展開することになれば、費用と手間がかかりますし、落選の不安もぬぐえません。ですから、立候補者は、本音では、無投票当選に越したことないと考えがちです。選挙という民主的手続きが立候補者から歓迎されているとは限らないのです。

立候補者数が条例定数より一名でも多ければ選挙になるため、告示前の動静を見て、定数と立候補者数を一致させるような手控えや断念工作が密かに行われる場合があるといわれてきました。選挙戦を回避しようとするのは、選挙は争いであり、地域にとってしこりが残るような争いごとはよくないと考える発想が反映されていると見ることができます。しかし、この選挙戦を回避しようとする考え方が議員のなり手不足を招く一因になっていないかどうか反省してみる必要がありそうです。立候補したい人が自由に出馬し、正々堂々と選挙戦を戦い、当落を決める、それが当たり前のはずですから。

12-2 総務省の研究会報告書と六分の一のハードル

総務省は、「村民総会」の可能性を探ろうとした大川村の動きに対応して、省内に「町村議会のあり方に関する研究会」を設置し、二〇一八（平成三〇）年三月二六日、小規模市町村における議員のなり手不足への対応策に関する報告書（以下、報告書）を取りまとめました。

報告書は、人口一万未満の市町村数が五〇五（全体の二九・〇％）となっている（二〇一七（平成二九）年一月一日現在）ことを指摘し、これを「小規模市町村」の範囲としています。そして、二〇一五（平成二七）年統一地方選挙においては、人口一千以上一万未満の市町村議員選挙で約二七％が、人口一千未満では約六五％が無投票であったとし、「人口規模の小さい市町村における議員は、平均年齢が高く、女性の割合が低いなど、一般に多様性が不足している。小規模になるほど議員のなり手不足が切迫している状況がうかがえる」と指摘しました。

小規模の意味と範囲をどう設定するかについては検討の余地があるのですが、ほぼギリギリまで議員定数を減らしてきた小規模市町村議会にとって、もし議会の組織と運営をより自由に決められることになり、それによって六分の一のハードルを超えられる見通しが立てば、議会成立をめぐる危機を回避できるかもしれません。

専業議員と非専業議員

報告書は、現行の制度に加え、議員が主たる職務として専業的に活動する「集中専門型議会」と、議員が本業を別に持ちつつ職務として非専業的に活動する「多数参加型議会」も選択可能にする提案を行いました。マスコミ報道の中には、少数の常勤議員と多数の非常勤議員を区別したというものもありましたが、それは正確ではありません。常勤と専業は違う概念です。

既述のように、実は、これまで、一般的に、自治体議員は非常勤であると見なされてきました。それは一般職職員の常勤と非常勤の区別を公選職である議員に当てはめたものです。議員の職務は、限られた日数、自治法上の正規の会議（本会議、委員会等）に出席して審議・議決する活動に限定されているという考え方に立っていました。しかし、議員の活動がこれに尽きるというのは非現実的なのです。

報告書は、常勤・非常勤という区別ではなく専業・非専業という区別をしています。問題は、専業・非専業という区別による二つの型の議会の創設が、小規模市町村にとって六分の一のハードルを超える有効な手立てとなりうるかどうかです。

自治体議員選挙における立候補者の職業はさまざまです。議員に当選した後も、原則として当選前の職業を続けることができます。大川村の二〇一五（平成二七）年議員選挙で無投票当選した六人の

「主な肩書」は農業三人、農林業二人、会社員一人です。町村の議員では農業や農林業などとの兼業がごく普通のことです。現実に、小規模市町村の議員では、いわば「半議半X」が常態であるといえます。

かりに大川村議会のような議員定数が合議体成立の限度に近いところで、さらに少数の専業議員による議会をつくることが議員のなり手不足に有効な対策になるのかどうか疑問なしとしません。「集中専門型議会」を採用した場合、専業議員は、現に行っている農業・農林業などを辞めなければならないのでしょうか。議員は有給職ですが、それは生活給とされてはいません。専従議員を設けて、それに生活給を補償することは、小規模市町村以外にも及ぶ大改革になります。現に、大規模自治体の議員の中には、議会・議員活動に忙しく他に職業をもつ余裕はない、議員を専業にしていると主張している人は少なくないのです。

専業活動という場合、議員以外の仕事は許されないことになるのでしょうか。専業活動であることを証拠立てるために職務専念の義務でも課すのでしょうか。そのような扱いが公選職としての議員にふさわしいとはにわかには考えにくいのです。しかも、議員の専業活動といっても、首長が予算編成権と議案提出権を有し議会における議案審議に参加できるなど執行機関優位の体制の下で、非専業の議員活動の内容にどれくらいの違いが生まれてくるのでしょうか。それが議員のなり手を増やすのに有効な手立てになるのでしょうか。

なお、「多数参画型議会」といっていますが、できる限り議員定数を減らしている小規模市町村で、非専業とはいえ、立候補に名乗りを上げる住民が多数出てくるという見通しが立つのでしょうか。

兼業・請負禁止の見直し

議員立候補にとって自治法九二条の二が規定する兼業・請負禁止が壁になっているという声が現場には少なくないのです。議員個人が当該自治体との間で請負関係にある場合と、議員が主として同一の行為をする法人の役員等として当該法人と自治体との間で請負関係にあるという二つの態様を禁止しています。

報告書は、「小規模市町村においては、人口が少ないことに加え、事業所も限られていることから、公務部門の人材や市町村との取引関係がある事業者等が議員になりえないことによる実態的影響が大きいものと考えられる」と指摘しています。ただし、報告書は「多数参画型議会」に限って個々の契約締結や財産処分などを議会の議決事件からの除外を可能にし、首長の意思決定を住民が直接監視する仕組みを設けることが考えられるとしています。

二つの議会像は、それぞれの構成要素（議決事件のあり方、兼職禁止や請負禁止の緩和など）を不可分のパッケージとして構想されています。けれども、議決事件の限定と請負禁止の緩和の仕組みに関しては「小規模市町村における議会の実情にかんがみ、より幅広い適用を認めることも考えられる」としているのです。パッケージにこだわらず、より幅広い適用を考えることが望ましいのではないでしょうか。

ただし、兼業・請負規定の見直しは議会が議決権の一部を失うことになりますから、少なくとも小規模市町村にとって、それが六分の一のハードルを超えるために有効であると見通せなければならないと思います。議会権限が若干縮小することになっても立候補者が増える可能性のほうを選ぶかどうかです。市町村としても、それなりの決心が必要です。

大川村では、自治法によって自治体から仕事を請け負う団体や企業の役員らと地方議員との兼業を禁じられているが、何が「請負」に当たるか明確ではなく、村民の立候補の足かせになっていると考え、前述の「大川村議会議員の兼業禁止を明確にする条例」を定めました。

議員との兼業が認められる企業や団体の範囲を明確にすることで、村民が立候補しやすい環境を整え、議員のなり手確保につなげたいと考えたのです。条例は二〇一九（平成三一）年四月一日に施行し、同月一六日に告示される村議選から適用されました。

12-3　自治体議員のなり手不足と議員年金制度

議員のなり手不足の背景として議論されている議員年金制度について、若干の検討としておきましょう。

◆厚生年金加入案◆

自民党のプロジェクトチーム（ＰＴ）が、自治体議員を厚生年金の加入対象とする案の検討に入ったとマスコミが報道したのは二〇一七（平成二九）年七月でした。実は、二〇一一（平成二三）年まで、自治体議員が支払う掛け金と自治体の負担金で運営される地方議員年金制度があったのです。しかし、この制度は、議員の特権的な処遇ではないかという批判もあり、市町村合併で自治体議員が大幅に減って財政が悪化したことに伴い廃止されていました。

ところが、全国都道府県議会議長会など三議長会は、自治体議員のなり手不足の状況に触れつつ厚生年金加入を可能にするよう各方面へ働きかけました。自民党のＰＴは、それへの応答でした。その後、二〇一八（平成三〇）年七月、「地方議員の厚生年金加入法案今国会の提出見送りへ自民」と報道されました。地方議員も厚生年金に加入できるようにする法案について、自民党は、党内からも慎重な意見が相次いだことなどから見送ることにしたということでした。自民党のＰＴは、廃止された議員年金に代わって、地方議員も厚生年金に加入できるようにする法案を検討し国会への提出を目指し、二〇一九（平成三一）年の統一地方選挙までに成立させたい考えといわれていましたが、実現しませんでした。なお検討中の扱いです。

地方議会議員を厚生年金の加入対象とする案のポイントは以下の三点です。

①　地方議会議員を地方公務員等共済組合（地共済）法上の職員とみなし、地方公共団体の首長や

職員と同様に地共済の資格を取得する。

② 地共済の資格取得により、厚生年金保険法による年金給付（長期給付）、医療給付（短期給付）、福祉事業の対象となる。

③ 掛金・保険料負担などは、地方公共団体の首長や職員と同様に、組合員と地方公共団体の折半とする。

全国都道府県議会議長会の決議文とその検討

上記の案は、二〇一六（平成二八）年七月二七日に、全国都道府県議会議長会が採択した決議文に応答しようとするものでした。

決議文は以下の通りです。

「地方創生が我が国の将来にとって重要な政治課題となり、その実現に向け大きな責任を有する地方議会の果たすべき役割は、ますます重要となっている。こうした要請に応えるため、地方議会議員の活動も幅広い分野に及ぶとともに、より専門的な知識が求められ、専業として活動する議員の割合も高くなっている。

しかしながら、昨年実施された統一地方選挙では、道府県議会議員選挙の平均投票率が過去最低となったほか、無投票当選者の割合が高くなるなど、住民の関心の低さや地方議会議員のなり手不足が大きな問題となった。

こうした中、選挙権年齢の引下げに伴い、若者に対して政治への関心を高めるための啓発活動の充実強化を図るとともに、サラリーマンの議員立候補、議員のサラリーマンへの復帰が行われやすいように、議員の年金制度を時代に相応しいものとすることが、人材の確保につながっていくと考える。

よって、国民の幅広い政治参加や、地方議会における人材確保の観点から、被用者年金制度に加入して基礎年金に上乗せの報酬比例部分のある年金制度とするなど、地方議会議員の年金制度に関する法整備を早急に実現すること。以上、決議する。」（傍線は筆者）

全国都道府県議会議長会は、この決議に基づき各政党への要請を行いましたが、自治体議員が、安心して議員活動に専念し、また、議員を志す新たな人材確保のためにも、議員退職後の老後の生活を保障する年金制度が必要であると主張しています。

自治体議員の間では、自治体議会の果たす役割がこれまで以上に求められ，自治体議員の活動領域が拡大して「専業化」しつつあるのが実態であるにもかかわらず、それに見合う議員報酬にはなっていない、多くの自治体で議員のなり手が不足しているし、議員をやめた後の生計維持に不安もある等々の声があるのです。

それだけではありません。同じく住民によって直接選挙で選ばれ特別職の地方公務員である首長は、給与・旅費、各種手当、退職金の支給を受けているだけでなく、共済年金に加入し、三期（一二年）以上務めると平均月収の約四四％分が特例加算*として上乗せ支給されているのです。これは、二〇年間勤務した一般公務員とほぼ同額の年金支給です。自治体議員からすれば公選職としての扱いが違いすぎるのではないかという思いもあるのです。

＊　厚生年金と共済年金の一元化に伴い、在任期間が一二年以上の都道府県知事と市町村長の年金を増額する特例加算制度は現職首長までで廃止になりました。

◆少なくない問題点

首長との比較における問題の本質は、首長が常勤職扱いになっているのに対して、自治体議員は非常勤職のような扱いになっていることです。これまで、筆者が繰り返し指摘していますように、法律では首長が常勤職で、議員が非常勤職であるとは規定していないのです。ただし、自治法は、各自治体に、首長には「給料及び旅費を支給しなければならない」、議員には「議員報酬を支給しなければならない」と義務付けています。

首長と議員の扱いで典型的に違うのは退職手当の有無です。退職金というのは、その性質上、非常勤の職員に対しては出すべきものではないというのが一般の考え方です。ですから、非常勤扱いの議員には退職金は出ない。議員にしてみれば、生活給としての給与が出ているわけではないし、四年後、議員を続けている確証はないし、退職金もない、自治体議員は職業として認知されているかどうかも定かでない、国会議員の場合は、国会法三六条で、「議員は、別に定めるところにより、退職金を受けることができる。」と定められているが、自治体議員については、これに類する法律上の規定はなく、せめて、基礎年金とそれに上乗せの報酬比例部分の受給を可能にしてほしいというわけです。

しかし、四年任期の公選職について、一期で再立候補をあきらめても、老後保障としての年金を受給できるようにすべきなのか、自治体議員の場合、他の仕事をしながら議員をしている「兼業議員」も少なくなく、厚生年金に加入している場合もあり、すべての議員が専業化していると扱うのは行き過ぎではないのか、といった疑問も出てくるのです。

確かに、市町村では無投票当選が増え、自治体議員のなり手が減少傾向にあります。しかし、基礎年金に上乗せの報酬比例部分の受給を認めたからといって、新たな候補者が出てきて、議員の新陳代謝が進むとは限らないのではないか、また、議員の厚生年金への加入となれば、各自治体（雇用主）の公費負担が必至となりますから、住民の理解と賛同が得られるかどうかという疑問も起こります。検討すべき問題点が少なくないのです。

◆自治体議員の共済組合加入に反対する意見

自民党のＰＴの動きに対して、二〇一七（平成二九）年八月、日本維新の会代表で当時大阪府知事だった松井一郎氏は「大反対だ。非常勤の議員を優遇する必要があるのか」と発言し、自治体議員の新たな年金加入に反対の立場を表明しました。自治体議員の共済組合加入の是非はともかくも、「非常勤の議員を優遇する必要があるのか」という松井氏の反対理由は見過ごせません。といいますのは、この批判は、当然のように議員を非常勤と見なしているだけではなく、首長は常勤だから優遇されて当然だという意味合いが暗に含まれているように思えるからです。

常勤、非常勤の区別ではなく、公選職として議員職をどう処遇するのが適切かという観点が重要だと思います。共済年金への加入の是非は、議員も首長も同じ四年任期の公選職であることを認識した上で、扱いを同じにすべきではないかと思います。ですから、議員の加入を認めることも、首長の加入を排除することもありうるというべきです。

地方議員の年金を巡って、二〇一八（平成三〇）年四月一三日、小泉進次郎議員（自民党・筆頭副幹事長）ら若手議員が反発しました。小泉氏は「農業、漁業、林業、介護、建設、物流、どこも人手不足で大変ですよ。なぜ議員のなり手不足の時だけ年金の話になるのかは、私はちょっと順番が違うんじゃないかと思いますね」と語り、考えるべきは議会の活性化策だと反発しました。こうした自民党内の反対意見もある中で、自治体議員の共済組合加入が実現するかどうかは定かではありません。

◆サラリーマンがなぜ自治体議員になりにくいか

なり手不足問題の背景には、確かにサラリーマンが自治体議員になりにくい事情があります。以前から、サラリーマンが自治体議会の議員になりにくく、議員構成が一部の住民に片寄っており、改善が必要だといわれてきました。

一部の住民とは、地域で二四時間暮らしている、いわゆる「全日制住民」、例えば会社経営者、商店主、農業者、専業主婦、団体役員などです。自治体議会の会議が平日の昼間開かれているため、昼は地域の外へ仕事に出て夜しかいない、いわゆる「定時制住民」は疎外されざるをえないのが現実なのです。結果として、議会におけるサラリーマン層の代表性は著しく低く、そのニーズが自治体の施策に反映されにくいというわけです。

この点では、サラリーマンが会社を辞めないで自治体議員になって活動するには、日中に開催される定例会の集中審議の方式を改めて、通年会期とし、夕方から夜間にかけて議会を開くような工夫が必要でしょう。

現状では、サラリーマンが議員になるには会社を辞めなければならない。これでは、被用者年金制度への加入を可能にしても、「サラリーマンの議員立候補、議員のサラリーマンへの復帰」が行われやすくなるとは考えにくいのではないでしょうか。サラリーマンの立候補を促す方法には、当選した場合は、その任期中は会社の方を休暇扱いにしてもらえるといった制度が必要です。これまで、いわゆる企業城下町の議員のなかに、その企業が社員を派遣しているような形はあるのですが、もっと一

コラム　会議を原則として夜間・休日に開く

人口約六千人の長野県喬木（たかぎ）村の議会（定数一二人）は、定員割れの懸念もあった二〇一七（平成二九）年六月の村議選が無投票で決着したのを受け、同年八月、夜間の常任委員会の夜間開催と本会議の休日開催を採用しました。本職との兼業で議員になりやすくする狙いでした。会議開催を夜間・休日を原則とする議会は全国で例がないといわれます。仕事を続けながら議員活動ができるように、一般質問は休日に、常任員会は午後七時から実施することにしました。一年間の試行運営を経て、村議会は二〇一八（平成三〇）年一一月にこの運営の継続を決めています。

般的な制度にする必要があるのです。

選挙活動のための長期休職を認めている民間企業もないわけではありません。しかし、こうしたケースはむしろ例外であり、ほとんどの民間企業では、就業規則で兼業を禁止していますし、選挙に立候補することを理由とする長期休職を認めていません。

会社勤めから短期間の選挙活動で当選を果たすほど能力の高い人にとって、報酬面で自治体議員に転ずるメリットはほとんどないといえます。それでも立候補しようという人は相当に奇特な人でしょう。そういうサラリーマン議員を増やす手立ての一つは、経済界を代表するような民間企業が、率先して、従業員が休職して自治体議員に立候補し選挙活動を行うことを制度として認めることです。自治体議会議長会三団体は、民間企業にそういう働きかけを行うのが先ではないでしょうか。そのためには、自治体議員が、それだけの価値のある活動を行っていることを眼に見える形で示す必要があります。

おわりに

筆者は、これまで、時に応じて、自治体議会・議員に関する論考を発表してきましたが、そのうち、二〇一六（平成二八）年九月までの主要なものは、以下の三冊の拙著に収録しました。①『変化に挑戦する自治体』（二〇〇八（平成二〇）年四月、第一法規）の「第六章　地方議会の改革」、②『政権交代と自治の潮流』（二〇一一（平成二三）年五月、第一法規）の「第六章　改革を迫られる自治体議会」、③『人口減少時代を生き抜く自治体』（二〇一七（平成二九）年三月、第一法規）の「第七章　地方議会の改革」です。

これら三冊には「希望の自治体行政学」という副題が付してあります。自治体議会・議員の活動に関する論考を「自治体行政学」に包摂することにはためらいがありました。それらは、いわば「自治体政治学」とでも呼んで、単著にまとめるが本筋ではないかと考えていました。

本書の執筆に当たっては、以上の三冊の拙著にように既に発表している論考を原則そのまま編集・再録するのではなく、その後に主として『議員ＮＡＶＩ』の「進め！地方議会」に発表した拙稿も参照しつつ、自治体議員入門として、できるだけ既述の簡略化を図り、並び替え、手直しをしました。

改めて参照した拙稿は以下の通りです。

『議員NAVI』進め！地方議会

二〇一二年

・一月号　一　地方議員のアイデンティティ、三月号　二　地方議員は公選職、五月号　三　上限撤廃後の議員定数をどう考えるか、七月号　四　自治体議員の報酬のあり方、九月号　五　政務調査費の使途を転換する必要はないか、一一月号　六　地方議会は「討議の機関」になりうるか

二〇一三年

・一月号　七　災害対策本部と議会・議員の対応、三月号　八　自治体監査制度と議選委員、五月号　九　次の一般選挙で議員定数をどうするのか、七月号　一〇　定数削減の選挙公約と議員辞職、九月号　一一　公聴会制度を積極的に使うには、一一月号　一二　議会事務局の充実は可能か

二〇一四年

・一月号　一三「費用弁償」をどう理解するか、三月号　一四　地方自治法改正と通年議会の採用、五月号　一五　住民と意見交換する多様な場、七月号　一六　市町村議選と無投票・欠員問題、九月号　一七　相変わらず「不明朗」な政務活動費の使途、一一月号　一八　地方議員の視察旅行をどう考えるか

二〇一五年

・一月号　一九　統一地方選挙の統一率と投票率、三月号　二〇　二〇一五年統一地方選挙で問われるもの（選挙区制度）、五月号　自治体議会の女性議員と産休、六月号　新人議員と会議の原則、八月号　議会事務局から議会局へ、一〇月号　揺れる議員報酬のあり方、一二月号　短命に終わった成果主義の議員報酬

二〇一六年（大森彌の進め！自治体議会）

・二月号　政務活動費と議員報酬――「千代田区特別職報酬等審議会」の答申、四月号　名古屋市議会――議員報酬の扱いをめぐる対立、六月号　議員になるということは法人の機関になるということ、八月号　政務活動費の適正使用――「号泣県議」と兵庫県議会の改革、一〇月号　政務活動費を廃止した泉南市議会、一二月号　自治体議員の被用者年金制度への加入

二〇一七年

・二月号　廃止すべき日額報酬のような「費用弁償」、四月号　少人数議会と政策サポーター、六月号　町村総会の検討、八月号　議員は非常勤職で首長は常勤職か、一〇月号　任期と期数、一二月号　自治体議員は選良か

二〇一八年

・二月号　自治体議員はどういう職業に就くのか、四月号　自治体議員の兼業・請負禁止、六月号　自治体議会における運営手続――条例と規則の切り分けを、一〇月号　提案――自治体議員の宣誓、一二月号　九九回も議長選挙を繰り返した与那国町議会

二〇一九年

・三月号　定員割れによる再選挙――群馬県昭和村議会議員選挙、六月号　二〇一九年統一地方選挙と増えた無投票当選

その他

・「自治体議員の法的位置づけをめぐって」（総務省編『地方自治法施行七十年周年記念　自治論文集』二〇一八年三月、非売品）、「自治体議員という職業――専業・非専業論」（『自治日報』二〇一八年六月二二日号、自治日報社）、「新時代の自治体議会の姿」（『ガバナンス』二〇一九年六月号、ぎょうせい）、「自治体議会の成立をめぐる危機」（『自治日報』二〇一九年七月五日号、自治日報社）

筆者は、一九九八（平成一〇年）に公刊した『分権改革と地方議会』（絶版）の「はじめに」の中で、次のように指摘しました。

「これまでも制度論として議会の重要性が説かれてはきたが、その実態・問題点・解決策を具体的に解き明かしたもので、見るべきものはさして多くない。やや誇張していえば、地方自治の研究上は「欠落の一章」といってよい。これは、「地方自治」が「地方行政」と同一視され法制度上も運用上も「地方行政」が優位してきたこと、これと関係して議会自らもその本来の機能を十分に発揮できず、運営にも創意と個性を欠く面があり、そのため研究者の意欲をそそらなかったこと、研究者も実務家も、多くの議員が政党・党派など政治的団体に属しているため、こうした党派活動に関連することに

は触れまいとする傾向があったことなどによっていると思われる。」

その後の約二〇年を振り返ってみますと、自治体の議会・議員をめぐる議論や研究は盛んになり、もはや地方自治研究上の「欠落の一章」ではなくなったといってよいと思います。慶賀すべき変化です。そのことは、『月刊　地方議会人』（中央文化社）や『月刊　ガバナンス』（ぎょうせい）、『議員NAVI』（第一法規）など、地方自治関係の専門誌に登場している書き手と内容の多彩ぶりを見ても明らかです。

また、近年は、続々と、単著も公刊されています。例えば、江藤俊昭『議会改革の第二ステージ――信頼される議会づくりへ』（二〇一六年、ぎょうせい）、清水克士『議会事務局のシゴト』（二〇一七年、ぎょうせい）、礒崎初仁『自治体議員の政策づくり入門――「政策に強い議会」をつくる』（二〇一七年、イマジン出版）、土山希美枝『「質問力」でつくる政策議会』（二〇一七年、公人の友社）、廣瀬克哉『自治体議会改革の固有性と普遍性』（二〇一八年、法政大学出版局）、髙沖秀宣『自治体議会改革講義』（二〇一八年、東京法令出版）、金井利之『自治体議会の取扱説明書《トリセツ》』（二〇一九年、第一法規）、新川達郎・江藤俊昭『非常事態・緊急事態と議会・議員』（二〇二〇年、公人の友社）などです。

こうした著書の刊行は、自治体議会の改革実態を反映し、その研究と検討が議会改革を促すという側面をもっています。これからも住民が信頼を寄せうる自治体の議会と議員のあり方を追求する努力が一層求められていると思います。そのためには自治体議員と研究者の対話や協働がもっとあってもよいと考えます。

や 行

ら 行

な 行

は 行

ま 行

た 行

さ 行

事 項 索 引

著者紹介

大森《おおもり》　彌《わたる》

〈略歴〉

1940年　東京生まれ
1968年　東京大学大学院修了、法学博士
1984年　東京大学教養学部教授
1996年　東京大学大学院総合文化研究科教授
1997年　同研究科長・教養学部長
2000年　東京大学定年退官、千葉大学法経学部教授。
　　　　東京大学名誉教授
2005年　千葉大学定年退職

〈主な著書〉

『自治体行政学入門』『自治行政と住民の「元気」』『自治体職員論』（良書普及会、1987年、1990年、1994年）
『新版分権改革と地方議会』」（ぎょうせい、2002年）
『官のシステム』（東京大学出版会、2006年）
『変化に挑戦する自治体』（第一法規、2008年）
『政権交代と自治の潮流』（第一法規、2011年）
『特別区制度改革の軌跡』（学陽書房 , 2013年）
『自治体職員再論』（ぎょうせい　2015年）
『町村自治を護って』（ぎょうせい、2016年）
『自治体の長とそれを支える人びと』（第一法規、2016年）
『人口減少時代を生き抜く自治体』（第一法規、2017年）
『老いを拓く社会システム』（第一法規、2018年）
『これからの地方自治の教科書』（大杉覚との共著、第一法規、2019年、改訂版2021年）

サービス・インフォメーション

通話無料

①商品に関するご照会・お申込みのご依頼
TEL 0120(203)694／FAX 0120(302)640
②ご住所・ご名義等各種変更のご連絡
TEL 0120(203)696／FAX 0120(202)974
③請求・お支払いに関するご照会・ご要望
TEL 0120(203)695／FAX 0120(202)973

●フリーダイヤル(TEL)の受付時間は、土・日・祝日を除く9:00～17:30です。
●FAXは24時間受け付けておりますので、あわせてご利用ください。

自治体議員入門
―有権者の期待と議会の現実　住民自治の要となるために―

2021年11月30日　初版発行

著　者　大　森　　彌
発行者　田　中　英　弥
発行所　第一法規株式会社
〒107-8560　東京都港区南青山2-11-17
ホームページ　https://www.daiichihoki.co.jp/

自治体議員入門　ISBN 978-4-474-07714-0　C0031 (9)